기초 항공운임발권 실무

Airline Fares & Ticketing

실무

머리말

항공발권의 의미는 승객의 예약 기록인 성명, 여정 서비스 등급 등의 사항을 이용하여 승객에게 항공권을 발급해 주는 업무를 말하는 것으로서 예약과 운송 사이에 이루어지는 일련의 서비스 업무를 총칭하는 것이다.

승객이 해외여행을 할 경우 여행의 시작은 항공권의 확보이다. 항공권 확보 없이 해외여행을 하는 것은 불가능하다. 또한 항공사의 입장에서 항공권의 판매는 항공사의 수익과 직결된다. 즉 항공사와 승객의 연결이 바로 항공권의 예약과 발권이라 할 수 있다. 이에 이러한 항공권의 예약, 발권과 관련된 서비스는 여행의 시작이라 할 수 있으므로 항공여행에 있어 가장 중요한 부분이라 할 수 있다.

현재 모든 항공, 관광 관련 학과에서는 가장 기초적인 전문인 양성 교육으로 항공예약을 교육하고 있다. 그러나 항공운임이나 발권에 대한 전문적인 교육을 실시하는 학교는 그리 많지 않음으로 그 전문성이 더할 뿐만 아니라 전문자격증 취득 시 취업에 매우 유리하게 작용될 것이다. 특히 항공발권은 항공예약을 끝낸 후 보다 전문적인 지식을 요구하는 과목으로 예약, 운임에 대한 지식을 함께 포함하여 자격증도 한 단계 위인 2

급 자격증을 부여하고 있다. 본 교과목은 현장에서 쓰이는 전문적인 실무 내용을 중심으로 쓰여 졌으며 운임, 예약을 통해 E-Ticket 발권이 가능하도록 기술되어졌다. 무엇보다 취업난에 허덕이는 현재의 상황을 고려하여 항공자격증을 취득에 도움이 될 수 있도록 단락마다 연습문제를 추가하였으며 마지막에는 종합문제로 실전 자격증 시험을 연습하게 하였다. 특히 현장에서 가장 많이 쓰이는 CRS인 TOPAS SELL CONNECT를 기초적인 내용으로 익힐 수 있게 기술하였다. 또한 후반부에는 예약과 발권에 대한 지시어를 정리하였으며, 더불어 항공의 집합체인 공항업무의 이해를 돕기위해 항공운송실무인 공항업무에 대해 기술하였다. 아무쪼록 많은 항공, 관광과 학생들에게 본 책이 기초적인 지식을 다지는데 도움이 되었으면 하는 바램으로 이 책을 기술하게 되었다.

2017년 1월

저자

차 례

CONTENTS

v

기초 **항공운임발권** 실무

CONTENTS

PART | 02 항공운송실무 – 공항업무

CONTENTS

PART 01

기초 항공운임
발권 실무

TOPAS SELL
CONNECT

항공운임의 기초

01 ✈ 항공지리

1. 지역용어

국제선에 적용되는 대부분의 운임 및 운임규정들은 IATA(International Air Transport Association 국제항공운송 협회)에서 결의된다. 이에 각 항공사들은 이를 관련 정부의 인가를 받아 적용하게 된다. 항공운임은 기본적으로 두 도시간의 구간운임을 중심으로 설정되며, IATA는 항공운임 및 관련 규정의 결정을 위해 편의상 세계를 3개의 지역(Area1, Area2, Area3)으로 구분하여 각 지역별 운송회의(Traffic Conference)를 운영하고 있다.

지역별 운송회의는 관할지역에 따라 Area 1(TC 1), Area 2(TC 2), Area 3(TC3)로 구분되어 관할 지역 내의 운임 및 제반 규정 등을 제정하고 출발국가의 승인을 받은 후 공시운임으로 사용하게 된다. 또한 각각의 IATA Area는 다시 SUB Area로 나뉘어져 항공운임의 계산 및 규정 적용이 보다 명료하게 이루어지도록 되어 있다.

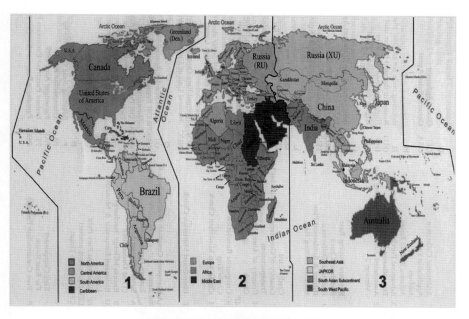

그림 1-1 　 IATA 세계지도

	AREA	SUB AREA
서반구(WH) (Western Hemisphere)	Area1	북미(North America) 중미(Central America) 남미(South America) 캐레비안아일랜드(Caribbean Islands)
동반구(EH) (Eastern Hemisphere)	Area2	유럽(Europe) 아프리카(Africa) 중동(Middle East)
	Area 3	한국/일본(Korea / Japan) 동남아(South East Asia) 남아시아대륙(South Asian Sub Continent) 남서태평양(South West Pacific)

2. 지역구분

- 전 세계의 대륙은 크게 서반구(Western Hemisphere)와 동반구(Eastern Hemisphere)로 구분한다.
- 다시 서반구(WH)는 Area 1, 동반구(EH)는 Area 2, Area 3로 구분한다.
- 각 Area는 보다 정확한 운임계산 및 규정적용을 위하여 Sub-Area로 구분하여 사용하고 있다.

1) Area 1

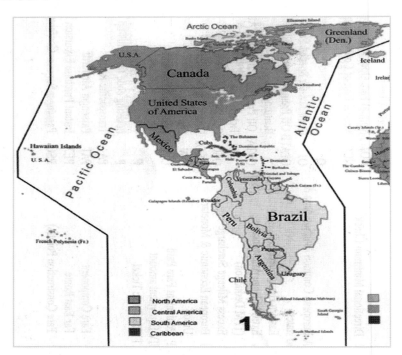

AREA	SUB AREA
북미(North America)	Canada, U.S.A(Puerto Rico and the US Virgin Islands 포함), Mexico, St. Pierre & Miquelon

중미(Central America)	Belize, Costa Rica, EI Salvador, Guatemala, Honduras, Nicaragua
남미(South American)	Argentina, Bolivia, Brazil, Chile, Colombia, Ecuador, French, Guiana, Guyana, anama, Paraguay, Peru, Surinam, Uruguay, Venezuela
캐러비안아일랜드 (Caribbean Islands)	Anguilla, Antigua & Barbuda, Aruba, Bahamas, Barbados, Bermuda, British Virgin Islands, Cayman, Islands, Cuba, Dominica, DominicanRepublic, Haiti, Jamaica, Martinique, montserrat, nevis & ST. Kitts, Netherland Antilles, ST.lucia , ST.vincent & the grenadines, Trinidad & Tobago , Truks and caicos Islands, Puerto Rico

2) Area 2

AREA	SUB AREA
유럽(Europe)	Albania, **Algeria**, Andorra, Armenia, Austria, Azerbaijan, Belarus, Belgium, Bosnia Herzegovina, Bulgaria, Croatia, Czechrepublic, Denmark, Estonia, Finland, France, Georgia, Germany, Gibraltar, Greece, Hungary, Iceland, Ireland republic, Italy, Latvia, Lithuania, Luxembourg, Macedonia ,Malta, Moldovarep. of, Monaco, **Morocco**, Netherlands, Norway, Poland, Portugal Romania, SanMarino, Slovakia, Slovenia, Spain, Sweden , Switzerland, **Tunisia**, Turkey, Ukraine, Unitedkingdom, Servia, Cyprus, Denmark(excluding Greenland), Norway, Sweden
중동(Middle East)	Bahrain, **Egypt**, Iran, Iraq, Israel, Jordan, Kuwait, Lebanon, Qatar, SaudiArabia, **Sudan**, Sultanate of Oman, Syrian Arab Republic, United Arab Emirates, Yemen
아프리카(Africa (유럽 3개국, 중동 2개국 제외))	Malawi, Zambia, Zimbabwe, Burundi, Kenya, Tanzania, Djibouti, Rwanda, Uganda, Ethiopia, Somalia, Eritrea, Botswana, Mozambique, SouthAfrica, Lesotho, Southwest Africa or Namibia, Swaziland, Angola, Benin, Burkina Faso, Cameroon, Democratic, Congo, Gabon, Gambia, Ghana, Guinea, Liberia, Mali, Niger, Nigeria, Senegal, Togo, Madagascar, Libya

3) Area 3

AREA	SUB AREA
한국/일본 (Korea/ Japan)	Japan , Korea
동남 아시아 (South East Asia)	Brunei, Cambodia, China excluding Hong Kong SAR(Special Administrative Region), Christmas Islands, Cocos(keeling) islands Guam, Indonesia, Kazakhstan, Kyrgyzstan, Macau, Malaysia, Marshall Islands, Micronesia, Mongolia, Myanma,

동남 아시아 (South East Asia)	Palau, Philippines, Russia east of Urals, Singapore, Taiwan, Thailand, Tajikistan, Turkmenistan, Uzbekistan, Vietnam
남아시아 대륙(South Asian Subcontinental)	Afghanistan, Bangladesh, Bhutan, India Including Andaman Islands, Nepal, Pakistan, Sri Lanka, Maldives
남서태평양 (South West Pacific)	American Samoa, Australia, Cook islands, Fiji, French, Polynesia, Kiribati, Nauru, New Caledonia, Loyalty islands, New Zealand, Niue, Norfoik islands, Papua New Guinea, Samoa, Solomon, Tonga, Tuvalu, Vanuatu ,Wallis & Futuna Islands

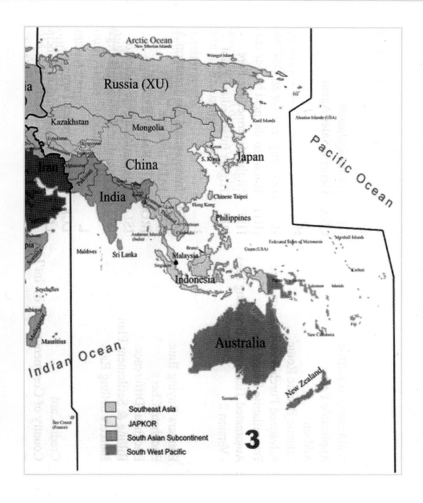

연습문제

01 아래 국가들이 속하는 지역을 (보기)를 참고로 정답을 쓰시오.

보기

① 북미(North America)
② 중미(Central America)
③ 남미(South America)
④ 캐러비안 아일랜드(Caribbean Island)
⑤ 동남아시아(South East Asia)
⑥ 남아시아 대륙(South Asian Subcontinental)
⑦ 남서태평양(South West Pacific)
⑧ 유럽(Europe)
⑨ 아프리카(Africa)
⑩ 중동(Middle East)

1	Denmark		11	Taiwan	
2	Mexico		12	France	
3	Egypt		13	Kuwait	
4	Tunisia		14	Romania	
5	Nepal		15	Puerto Rico	
6	Iran		16	Vietnam	
7	Argentina		17	Iceland	
8	Guam		18	Pakistan	
9	China		19	Sudan	
10	Australia		20	Alaska	

항 공 운 임 의 **기 초**

O2 아래 도시들의 Area 와 Sub Area를 구분하시오.

	도시명	AREA	SUB AREA
1	LIM		
2	HKT		
3	HAN		
4	PEN		
5	TIP		
6	GVA		
7	DEN		
8	BKK		
9	BOM		
10	AKL		
11	JNB		
12	FRA		
13	THR		
14	MOW		
15	YYC		
16	BHA		
17	PER		
18	KHI		
19	TYO		
20	BJS		

02 운임의 구성요소

1. 방향지표(GI ; Global Indicator)

항공 운임은 동일한 구간이라 하더라도 승객이 실제로 여행하는 방향에 따라 운임이 다르게 설정될 수 있다. 다음과 같이 두 도시 간에 설정되어 있는 공시운임을 조회한 결과를 살펴보면, 동일한 운임이 1번~7번과 8번~14번이 다르게 조회되고 있다. 이것은 동일한 두 지점간이라도 여정의 방향에 따라 여행거리가 다르므로 운임도 다르게 설정되는 것을 알 수 있다. 그러므로 어느 구간의 운임을 찾기 위해서는 우선 여정의 방향지표부터 확인하여야 한다.

1) 공시운임 조회

FQDSELPAR/IL,X	FQD출발지도착지/항공사 리스트 제외, 저렴한 운임순서로

```
FQDSELPAR/IL,X
ROE 1098.739 UP TO 100.00 KRW
19OCT16**19OCT16/YY SELPAR/NSP;TS/TPM  5626/MPM  8342
LN FARE BASIS    OW    KRW   RT  B PEN   DATES/DAYS      AP MIN MAX R
01 YEEIF6M             2533900 + -      -       -        - 5+  6M M
02 YIF                3564000 + -      -       -        - -   -  M
03 YIF        2316600          + -      -       -        - -   -  M
04 CIF                8046000 + -      -       -        - -   -  M
05 FIF               10261100 + -      -       -        - -   -  M
06 CIF        5229900          + -      -       -        - -   -  M
07 FIF        6669800          + -      -       -        - -   -  M

19OCT16**19OCT16/YY SELPAR/NSP;EH/TPM ...../MPM  8688
08 YEEIF6M             3108000 + -      -       -        - 5+  6M M
09 YIF                3488500 + -      -       -        - -   -  M
10 YIF        2267600          + -      -       -        - -   -  M
11 CIF                7100000 + -      -       -        - -   -  M
12 CIF        4615000          + -      -       -        - -   -  M
13 FIF               10395000 + -      -       -        - -   -  M
14 FIF        6756800          + -      -       -        - -   -  M
>                                              PAGE  1/ 2
```

1	LN	Line Number
2	FARE BASIS	운임의 종류
3	OW	편도운임 (One Way)
4	KRW	통화단위 (Korea Won)
5	RT	왕복운임 (Round Trip)
6	B	예약등급 (Booking Class)
7	PEN	Penalty Information
8	DATES/DAYS	운임 적용기간
9	AP	Advance Purchase (사전구입조건)
10	MIN	Minimum (최소체류일)
11	MAX	Maximum (최대체류일)
12	R	Routing System Fare (M: Mileage System Fare)

2) 방향지표(GI)

앞의 예에서와 같이 각각의 공시운임은 여정경로를 나타내는 여정의 방향지표(GI)를 명시하고 있으며 출발지로부터 목적지까지의 운임을 찾으려면 그 경로에 해당하는 방향지표를 결정하고 다음과 같은 방향지표에 따라 운임을 적용하여야 한다.

01	여정형태	예
EH	동반구 내에서 이루어지는 모든 여정(Eastern Hemisphere) TS, FE, RU를 제외한 Area 2/3간의 여정	SEL-SIN PAR-LON SEL-SIN-LON SEL-BKK-VIE
WH	서반구 내에서 이루어지는 모든 여정(Western Hemisphere) Area 1내의 여정	LAX-YYZ MEX-RIO LAX-MEX-SAO

01	여정형태	예
PA	Area 1 – Area 3 간의 태평양 횡단 여정(Pacific Ocean 횡단)	SEL-LAX TYO-NYC SEL-SYD-LAX
AT	Area 2/3 – Area 1 간의 대서양 횡단 여정(Atlantic Ocean 횡단)	LON-NYC NYC-PAR SEL-PAR-NYC
AP	태평양과 대서양을 동시에 횡단하는 여정(Atlantic And Pacific Ocean 횡단)	SEL-LAX-PAR TYO-NYC-LON
TS	한국/일본–유럽 사이의 Non-Stop 여정(Via Trans Siberian)	SEL-FRA TYO-LON SEL-TYO-FRA
RU	한국/일본과 Russia in Europe사이에서의 Non-stop 여정으로 유럽의 다른 도시를 경유하지 않는 여정 (Direct Route Between Russia & Japan/Korea)	SEL-MOW SEL-MOW-LED TYO-MOW
FE	Russia in Europe/Ukraine과 한국/일본을 제외한 AREA3 간의 non-stop 여정(Far East)	SEL-HKG-MOW SEL-PEK-MOW BKK-MOW

연습문제

01   SEL – TYO

02   BKK – SEL

03   TYO – LAX

04   LAX – NYC

05   NYC – PAR

06   PAR – FRA

07   FRA – SEL

08   SEL – MOW

09   MOW – TYO

10   PEK – MOW

11   SEL – LAX – LON

3) 방향지표의 결정 기준

항공여정의 특성상 하나의 여정에 여러 개의 여정지표(GI)가 복합되어 있는 경우 다음과 같은 기준으로 우선 순위를 결정한다.

① 대양(Atlantic / Pacific)횡단 우선기준 적용

> 예 1) SEL – HKG – LAX
>   (EH)   (PA)   ⇒ PA
>
> 예 2) SEL – PAR – NYC
>   (TS)   (AT)   ⇒ AT

② AREA 2와 AREA 3간 여정의 경우 TS, FE, RU와 EH가 있을 경우 TS, FE, RU를 우선으로 적용한 후 EH를 적용

> 예 1) MOW – SEL – TYO
>   (RU)   (EH)   ⇒ RU
>
> 예 2) MOW – BJS – SEL
>   (FE)   (EH)   ⇒ FE

③ TPM을 적용할 때는 해당 도시간 GI를 적용하고 MPM을 적용 할 때는 출발도시와 목적지 도시간의 GI 적용

④ GI는 운임분리지점에 따라 운임마디별로 정해진다.

 참고

시스템을 통한 GI 확인 방법

다음과 같은 마일리지 조회 지시어를 통하여 GI를 확인할 수 있다.

FQMSELHKGPAR

```
>   FQMSELHKGPAR

FQM    SEL    HKG    PAR

CTY   DC    TPM    CUM    MPM   DC LVL   <HGL   >LWL    25M   XTRA
SEL 3
HKG 3 EH    1295   1295   1554   EH  0M    259      0  1942      0
PAR 2 EH    5956   7251   8688  [EH] 0M   1437      0 10860      0
>                                               PAGE   1/ 1
```

FQMSELPARLON

```
>   FQMSELPARLON

FQM    SEL    PAR    LON

CTY   DC    TPM    CUM    MPM   DC LVL   <HGL   >LWL    25M   XTRA
SEL 3
PAR 2 TS    5626   5626   8342   TS  0M   2716      0 10427      0
LON 2 EH     214   5840   8366  [TS] 0M   2526      0 10457      0
>                                               PAGE   1/ 1
```

 17

연습문제

01   SEL – PEK – MOW

02   SEL – SFO – DXB– IST

03   SEL – HKG – FRA

04   SEL – HKG – LAX

05   SEL – NYC – WAS

06   SEL – SYX – MOW

07   SEL – TYO – BKK – MOW – PAR

08   SEL – MOW – LED

09   SEL – FNJ – PEK

10   BKK – SEL – TYO – SFO

11   SEL – MOW – PAR

2. 여정의 종류

여정의 종류는 운임계산의 전체적인 방향을 결정하는 가장 기본적인 요소로써, 아래와 같이 구분하여 사용한다.

구분		
One Way Trip	OW	편도여정
Round Trip	RT	왕복여정
Circle Trip	CT	일주여정
Round The World Trip	RTW	세계일주 여정
Normal Open Jaw Trip	NOJT	가위벌린 여정

항공운임 계산 시 여정의 종류에 따라 편도운임(One Way Fare) 또는 왕복운임(Round Trip Fare)을 적용한다.

 참고

- 운임마디(Fare Component)
  운임 산출시 하나의 운임이 적용되는 구간을 운임마디라 한다. 일반적으로 운임마디가 적을수록 운임은 저렴하게 산출된다.

- 운임분리지점(Fare Break Point)
  운임마디와 운임마디가 만나는 지점으로써 왕복여정이나 일주여정의 경우 출발지에서 가장 먼 지점이나 운임이 가장 높은 지점을 선정하게 되며, 편도여정의 경우 여정의 방향이 바뀌는 지점을 선정한다.

  > SEL
  > HKG 운임마디①
  > BKK
  > SIN – 운임분리지점
  > TPE
  > SEL 운임마디②

운임분리지점은 SIN이며, 운임마디는 2마디이다.

```
SEL
TYO -
TPE -
SEL
```

운임분리지점은 TYO, TPE이며 운임마디는 3마디이다.

1) 왕복여정(RT : Round Trip)

 유형

- 출발지와 도착지가 동일도시인 여정이다.
- 여정중 비항공운송구간이 없다.
- 두 개의 국제선 운임마디로 되어 있으면서 동일한 운임 값을 갖는다.

```
예  SEL              SEL              SEL
    TYO-             HKG   M          PAR
    SEL              BKK  -558.18     FRA    M
                     SEL   558.18     LON  -1413.49
                                      FRA    M
                                      SEL   1413.49
```

2) 일주여정(CT : Circle Ttip)

 유형

- 출발지와 도착지가 동일도시인 여정이다
- 여정 중에 비항공운송구간이 없다.
- 운임마디가 두 개 또는 그 이상으로 구성되어 있다.
- 운임마디가 두 개일 경우 Outbound 운임과 Inbound운임이 다른 값을 갖는다.

예 SEL		SEL	
PAR – 1143.49		TYO – 271.43	
SIN 10M		HKG – 1265.04	
SEL 3306.64		S E L – 382.73	

3) 세계일주 여정(RTW : Round The World Trip)

유형

- 형태상으로는 일주여정과 동일하다
- 여정의 이동방향이 연속적으로 동반구나 서반구의 한 방향으로 이어지고 대서
  양과 태평양을 동시에 횡단하는 여정을 말한다.

예 SEL		SEL	
HKG	GI : EH	PAR –	GI : TS
BKK		LAX	
LON –		SEL	GI : AP
NYC			
LAX	GI : AP		
SEL			

4) 가위벌린 여정(NOJT : Normal Open Jaw Trip)

유형

- 여정의 연속성이 중단된 형태로서, 출발지 또는 되돌아오는 지점에서 국내 혹
  은 국제선 비항공운송구간이 발생하는 여정이다.
- 두 개의 국제선 운임마디를 가지고 있으며, 비항공 운송구간은 최대 두 개까
  지 허용한다
- 가위벌린 여정은 다음과 같이 세 가지 유형으로 분류한다.

① Origin Single Open Jaw Trip^(OSOJT)

• Outbound 여정의 출발지와 Inbound여정의 도착지가 같은 국가인 여정

예 SEL
   OSA –
   PUS

② Turn Around Single Open Jaw^(TSOJT)

• Outbound 여정의 도착지가 Inbound 여정의 출발지와 서로 다른 여정

예	SEL		SEL
	BKK –		TYO –
	X		X
	SIN –		OSA –
	SEL		SEL

③ Double Open Jaw Trip^(DOJT)

• Outbound와 Inbound여정의 출발지와 목적지가 모두 다른 여정

예	SEL		SEL
	HKG –		TYO –
	X		X
	TYO –		OSA –
	PUS		PUS

5) 편도여정(OW : One Way Trip)

 유형

- 출발지와 도착지가 서로 다른 국가의 여정이다.
- 출발지와 도착지는 동일 국가이나 국제선 운임마디가 세 개 이상으로 구성되어 있으며 비항공운송구간이 존재하는 여정이다.

예	SEL		SEL
	TYO		TYO −
	LAX −		HKG
			SIN −
			X
			BKK −
			SEL

연 습 문 제

※ 다음 여정을 보고 여정의 종류를 쓰시오.

01 SEL
SYD −1650.33
X
BNE −
SEL 1553.07

02 SEL
TYO − 288.80
TPE − 1666.72
SEL − 270.13

03 SEL
PAR M
NCE − 2110.88
LON 1247.72

04 SEL

   BKK   M

   SIN － 652.09

   SEL   652.09

05 다음 여정 중 적용 가능한 여정의 종류가 다른 하나를 고르시오.

  1) TYO/HKG/TYO

  2) SEL/PAR/LON/PAR/SEL

  3) SEL/HKG/LAX/HKG/SEL

  4) SEL/SYD/NAN/CHC

06 다음 세계일주(RTW) 여정에 대해 해당하는 것을 고르시오.

  1) Outbound 구간과 Inbound 구간의 요금이 동일하다

  2) 일정한 한 방향으로 항공 여행을 하면서 대서양, 태평양 중 한곳을 횡단

    하면 된다

  3) 여정의 연속성이 중단된 형태이다

  4) SEL/NYC/PAR/HKG/SEL

25

3. 운임의 적용방향 및 적용 운임

항공운임은 출발지 국가의 통화로 공시되어 있으며 동일 도시 구간이라 하더라도 출발지 국가에 따라 운임이 달라진다. 예를 들어 SEL/TYO운임의 경우 편도운임이 KRW368500인데 반하여 TYO/SEL의 경우 JPY160600정도로 약 2배의 차이가 나게 된다. 따라서 항공운임 계산 시 운임의 적용방향은 중요한 의미를 가지게 되며 이에 대한 기본적인 원칙을 다음과 같이 적용하여 사용하고 있다. 운임의 적용방향은 설정되어 있는 운임마디 별로 적용한다.

1) 여행 진행 방향으로 운임을 적용한다.

예 SEL	SEL ↓	SEL ↓
TYO ↓	HKG –	TYO –
PAR –	TPE ↓	

2) 여정의 진행 방향과 반대 방향으로 운임을 적용한다.

예 SEL ↓	SEL	SEL ↓
TYO –	HKG ↓	TYO –
SEL ↑	PAR –	HKG ↓
	BKK ↑	SYD –
	SEL	SEL ↑

참고

운임의 적용방향은 운임마디지점이 출발지국일 경우 출발지국방향으로 적용하면 되며, 출발지국이 아닐 경우는 반대방향으로 적용하면 된다.

3) 운임의 선택

공시운임은 각 노선마다 편도운임(OW)과 왕복운임(RT)으로 공시되어 있으므로 여
정의 형태에 따라 편도운임 혹은 왕복운임을 적용하게 된다.

왕복운임 적용 여정(1/2RT)

① 왕복여정(Round Trip)
② 일주여정(Circle Trip)
③ 세계일주여정(Round The World Trip)
④ 가위벌린여정(Nomal Open Jaw Trip)

예	SEL		SEL			SEL	
	TYO –	1/2RT	HKG			TYO –	1/2RT
	SEL	1/2RT	SIN –	1/2RT		X	
			TYO –	1/2RT		OSA –	
			SEL –	1/2RT		PUS	1/2RT

편도운임 적용 여정(OW)

① 편도여정(One Way Trip)

예	SEL		SEL		SEL	
	TYO		SIN – OW		BJS – OW	
	BKK – OW		DEL – OW		X	
			X		CAN –	
			BOM –		BKK – OW	
			BKK		SEL OW	
			OSA OW			

항공운임의 기초

참고

- 운임 사용의 선택과정(OW 혹은 1/2RT 운임)

  편도운임을 사용하느냐 혹은 왕복운임의 1/2을 사용하느냐를 결정하는 것은 여정의 형
  태를 구분하는 과정과 동일하다고 볼 수 있다. 다음의 과정을 통해 여정의 형태를 구분
  하고 또한 운임 사용여부를 결정할 수 있다.

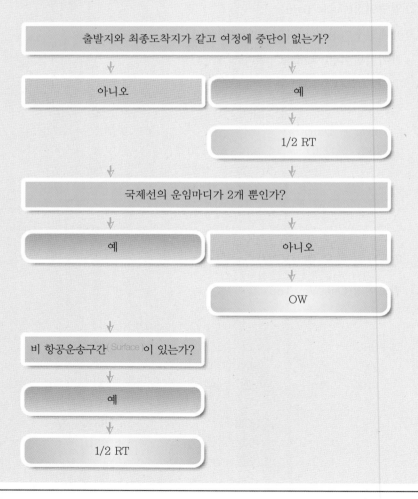

연 습 문 제

※ 여정의 운임적용 방향 및 적용운임(OW운임, 1/2RT 운임)을 표기하시오.

01 SEL
FRA
IST —
LON
SEL

02 SEL
MNL
BKK —
OSA

03 OSA
LON
FRA —
X
ZRH —
FRA
TYO

04 SEL
TYO —
X
OSA —
PUS

05 SEL
BKK
SIN —
OSA
PUS

06 SEL
SIN —
SFO —
NYC —
SEL

07 PUS
TYO –
X
FUK –
SIN

08 OSA
SEL –
X
PUS –
HKG
BKK

09 SEL
CAN –
X
SHA –
PUS

10 OSA
LON –
X
GLA –
LON
SEL

11 SEL
OSA –
HKG –
SEL

12 TYO
SEL –
X
PUS –
SYD –
OSA

4. 통화규정

승객이 SEL - SHA - SEL 혹은 SEL - SHA 여정과 같이 단순 왕복이거나 편도일 경우는 공시된 출발지국 통화로 적용하면 된다. 그러나 중간지점을 경유하여 목적지로 여행하는 경우 출발지로부터 목적지까지 여정에 대해 여러 구간의 운임을 합산하는 경우가 발생하게 된다. 이런 경우 운임산출을 위한 공통적인 단위가 필요하게 된다. 이에 운임산출을 위한 환산작업을 위해 US dollar와 동등한 가치를 갖는 운임산출 단위(NUC : Neutral Unit of Construction)를 제정하였으며 항공사는 운임 산출 시 NUC를 사용하게 되었다. 이와 같이 운임 산출 과정을 위해 출발지통화 운임과 NUC 운임 간의 환산 절차를 규정해 놓은 것을 통화규정(Currency Regulations)이라 한다.

1) NUC(Neutral Unit of Construction)

• 출발지와 목적지간의 여정에 있어서 운임산출의 기본단위이다.

① 환산공식

> 출발지 국가 통화운임 (Local Currency Fare) = NUC × ROE
>
> NUC = 출발지 국가 통화운임(LCF) ÷ ROE

• NUC단위로 운임을 표시한 경우에는 소수점 둘째 자리까지 표시한다.

예 NUC123. 5678이라고 나온 경우 ⇒ NUC 123.56이라고 기재

② 출발지국통화로 운임을 표시해야 하는 경우

• 각국의 통화마다 정해진 끝 단위처리 방법에 의하여 표시한다.

31

③ 적용 기준

• 여행개시일 기준으로 적용한다.

2) ROE(Rate Of Exchange)

- 출발지국 화폐단위로 공시한 운임(LCF: Local Currency Fares)을 NUC로 환산 한다.
- NUC를 LCF로 환산할 때 적용되는 환율이다(ROE는 소수점 여섯째 자리까지 표시한다).

① IATA Clearing House에서 1년에 4번(JAN/APR/JUL/OCT)발간하며, 매 3개월
   간 동일한 Rate를 사용한다(단, 특정 통화의 통화가치가 USD대비 10%이상 변경되는 경우에는
   IATA에서 ROE 변경고지를 함).

② 적용기준

- 항공권 발권일에 유효한 ROE를 적용한다.

 ROE 조회 지시어

FQCKRW/NUC

```
FQCKRW/NUC
CONVERSION OF KRW TO NUC
ROE USED 1 NUC = 1098.739 KRW EFF 01OCT16


KRW - S.KOREAN WON
NUC - NEUTRAL UNIT OF CONSTRUCTION
```

③ 출발지국 통화표기 시 끝 단위 처리 예제

　예 NUC 257.17(SEL/BJS)를 KOREA의 통화로 환산(KRW)

　　KRW의 ROE ; 1159.796

　　KRW의 ROUNDING UP TO 100.00

　　257.17 X 1159.796 =298264

　　⇒ KRW 298300　　　　　　　　　　⇒ NUC를 LCF로 바꾼 경우

항공운임의 기초

 NUC를 해당 Currency(KRW)로 환산하는 지시어

FQC257.17NUC/KRW

```
FQC257.17NUC/KRW
CONVERSION OF NUC TO KRW
KRW 282600 - ROUNDED AS FARES
KRW 282562 - AMOUNT TRUNCATED
ROE USED 1 NUC = 1098.739 KRW EFF 01OCT16

ROUNDING OF FARES UP TO 100 KRW

NUC - NEUTRAL UNIT OF CONSTRUCTION
KRW - S.KOREAN WON
```

3) BSR(Bank Selling Rate)

외국통화를 은행이 팔 때 적용하는 환율로서 타국 출발운임을 KRW로 환산하는 경우에 사용한다.

4) BBR(Bank Buying Rate)

외국통화를 은행이 살 때 적용하는 환율로서 USD로 운임을 지불하는 경우 KRW를 USD로 환산할 때 사용한다.

5) ICH(IATA Clearing House)

IATA 가맹 및 비가맹 항공회사 사이에서 연대운송을 행했을 경우 그 정산업무를 일괄해서 취급하고 상쇄 정산하는 곳으로 매월 말 1회 송금한다.

즉 IATA 회원 항공사 상호간의 Interline Accounts를 정산하는 기구로서 본부를 Geneva에 두고 있으며, 정산소는 London과 New York에 있다

※ BSR/BBR은 매주 월요일의 은행 환율을 화요일부터 다음주 월요일까지 적용하며 실제 은행 매도율과는 다소 차이가 있다.

※ 국내에서는 USD & KRW 만을 항공운임으로 영수할 수 있으므로 기타 통화로 운임을 받는 경우에는 은행이 KRW로 환전하는 실제 환율을 적용한다.

※ 모든 환율은 항공권 발권일을 기준으로 적용한다.

※ 주요 국가의 통화 CODE 및 Rounding Unit

국가	통화 CODE	통화 명	R/U	비 고
Australia	AUD	Dollar	1	
Austria	EUR	EURO	1	
Bahrain	BHD	Dinar	1	
Belgium	EUR	EURO	1	
Canada	CAD	Dollar	1	반올림처리
China	CNY	Yuan renminbi	10	
Denmark	DKK	Krone	5	
Finland	EUR	EURO	1	
France	EUR	EURO	1	
Germany	EUR	EURO	1	
Greece	EUR	EURO	1	
Hong Kong	HKD	Dollar	10	
India	INR	Rupee	1	
Italy	EUR	EURO	1	
Japan	JPY	Yen	100	
Malaysia	MYR	Ringgit	1	
Netherlands	EUR	EURO	1	
New Zealand	NZD	Dollar	1	
Norway	NOK	Krone	5	
Portugal	EUR	EURO	1	
Saudi Arabia	SAR	Riyal	1	
Singapore	SGD	Dollar	1	
Spain	EUR	EURO	1	
Sweden	SEK	Krone	5	
Switzerland	CHF	Franc	1	
Taiwan	TWD	Dollar	1	
Thailand	THB	Bath	5	
United Kingdom	GBP	Pound	1	
U.S.A	USD	Dollar	1	반올림처리
모든 유럽국가	EUR	EURO	1	반올림처리

☞ KRW는 100단위를 기준으로 올림 처리 함.

연습문제

01 다음 출발지국 운임을 NUC로 환산하시오.

출발지국운임	ROE	NUC
1) JPY60700	107.0360	567.09
2) EUR3500		
3) KRW472300		
4) HKD4040		
5) USD1411.00		

02 다음 NUC를 출발지국 운임으로 환산하시오.

NUC	ROE	ROUNDED UP	출발지국 운임
1) NUC973.00	1.000000	NEAREST 1.00	USD973.00
2) NUC526.46			JPY
3) NUC4762.14			EUR
4) NUC518.21			HKD
5) NUC4762.14			GBP

03 다음 ( ) 들어갈 적절한 단어는 무엇인가?

> 운임계산을 위해서 여러통화의 각 환차를 감안하여 만들어 놓은 가상의 통화를 ( )라 하고 이 통화와 출발지국 통화와의 환율을 ( )라 한다.

1) ROE, NUC   2) NUC, ROE   3) BSR, FCU   4) FCU, BSR

5. Stopover와 Transfer의 이해

1) Transfer

- 승객이 여행 중 거쳐가는 모든 도시(Stopover, Connecting 포함)을 의미 한다.
- 출발지/목적지/운임마디 지점/ 비항공운송 구간의 경우는 Transfer 횟수에서 제외된다.

🎲 사례를 통한 Transfer 횟수

SEL
X/FRA
　PAR　　→ FRA, PAR, LON 3번의 Transfer
LON
　STO

SEL
X/FRA
PAR
LON -　　→ FRA, PAR 2번의 Transfer
SEL

SEL
FRA
　X　　→ FRA X PAR를 1번의 Transfer로 간주
PAR
LON

```
    SEL

    FRA

    PAR          ⤙ FRA에서 1번의 Transfer

    X

     LON
    --------------
```

```
    SEL

    FRA

    PAR          ⤙ FRA에서 1번의 Transfer

    X

    LON -

    SEL
    --------------
```

2) Stopover

- 하나의 Transfer 도시에서 도착 후 24시간이상 머무는 경우를 말한다.
- 출발지/목적지/운임마디 지점/ 비항공운송 구간/ X Mark 도시(연결도시)의 경우
  는 Stopover 횟수에서 제외된다.

사례를 통한 Stopover 횟수

```
    SEL

  X/FRA

    PAR          ⤙ PAR, LON에서 2번의 Stopover

    LON

    STO
    --------------
```

SEL

X/FRA

PAR　　　→ PAR에서 1번의 Stopover

LON -

SEL

SEL

FRA

X　　　→ FRA X PAR를 1번의 Stopover로 간주

PAR

LON

SEL

FRA

PAR　　　→ FRA에서 1번의 Stopover

X

LON

SEL

FRA

PAR　　　→ FRA에서 1번의 Stopover

X

LON -

SEL

연 습 문 제

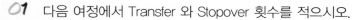

01 다음 여정에서 Transfer 와 Stopover 횟수를 적으시오.

    SEL

X/SIN

    JKT —

X/HKG

    SEL

    ----

02 다음 여정의 조건에서 Transfer 횟수를 적으시오.

    SEL

X/BKK

    SIN

    JKT —

    KUL

    SEL

    ----

03 다음 여정에서 Transfer와 Stopover 횟수를 적으시오.

    SEL

X/HKG

    BKK

    SIN

    JKT —

X/BKK

    SEL

CHAPTER 02 공시운임의 조회 (Fare System)

01 ✈ 개요

　IATA 및 해당 국가의 승인을 거친 각 항공사의 공시운임은 해당 항공사들이 판매를 진행하는데 있어서 기준이 되며, 항공사별로 혹은 노선별로 공시운임과 동일한 금액으로 판매를 하는 경우도 있고 혹은 할인을 적용하여 판매하는 경우도 있다.

1. 공시운임의 조회

1) 기본 지시어

- YY Fare기준, 현재 날짜와 출발도시의 Currency가 적용된 운임이 조회됨
- 운임은 높은 운임에서 낮은 운임 순으로 조회됨

FQDSELBKK

```
FQDSELBKK
BA  BI  BR  B7  CA  CI  CX  CZ  EK      TAX MAY APPLY
ET  FZ  GA  GS  HU  HX  HZ  H1  IT      SURCHG MAY APPLY-CK RULE
JL  KA  KE  KL  LH  LJ  MF  MH  MI
MU  NX  NZ  OZ  PR  QF  QR  QV  SQ
S7  TG  TW  VA  VN  WY  XF  ZH  3U
9W  /YY*AA  AC  AF  AK  BG  CA  CG
CO  C6  D2  D7  EK  FD  FP  FR  FY
F5  GI  GX  G5  HC  HV  H1  JD  JJ
KC  KE  LA  LH  LJ  LL  LS  MF  M8
NW  OD  OZ  PZ  QH  QZ  RY  R3  R8
SB  TB  TO  TW  UA  UJ  VJ  VK  VY
WW  W5  W7  XJ  XL  X4  X5  YC  YZ
ZE  ZH  ZL  Z2  3Q  4M  5Q  6Q  7A
7C  9B  9G  9H  9R  9X
ROE 1098.739 UP TO 100.00 KRW
19OCT16**19OCT16/YY SELBKK/NSP;EH/TPM  2286/MPM  2743
LN FARE BASIS    OW   KRW  RT  B PEN  DATES/DAYS   AP MIN MAX R
01 F         1321400            + -    -       -    -   -   - M
02 F                  2402400   + -    -       -    -   -   - M
>                                            PAGE  1/ 2
```

	코드	설명
1	LN	Line Number
2	FARE BASIS	운임의 종류
3	OW	편도운임 (One Way Fare)
4	KRW	통화단위 (Korea Won)
5	RT	왕복운임 (Round Trip Fare)
6	B	예약등급 (Booking Class)
7	PEN	Penalty Information
8	DATES/DAYS	운임 적용기간(Dates: 출발일 적용, Days: 출발요일 적용)
9	AP	Advance Purchase (사전구입조건)
10	MIN	Minimum Stay(최소체류일)
11	MAX	Maximum Stay(최대체류일)
12	R	Routing System Fare(M: Mileage System Fare)

- YY Fares : IATA에서 공시하는 항공사를 지정하지 않은 운임으로 항공사가 지정되지 않은 구간에 사용 가능함
- Carrier Fares : 특정 구간에 항공사가 설정하는 운임

2) 조건 지정 구간 운임 조회

조건 지정 내용	지 시 어
YY 운임조회	FQDSELTYO
특정항공사 지정 운임조회	FQDSELTYO/AKE
출발일 지정 운임조회	FQDSELHKG/D01AUG
항공사 목록 제외	FQDSELHKG/IL
낮은운임 순서 조회	FQDSELHKG/IX
편도 운임조회	FQDSELHKG/IO
왕복 운임조회	FQDSELHKG/IR
1/2RT 운임조회	FQDSELHKG/IH
NUC 지정 운임조회	FQDSELSIN/R,NUC
방향지표 지정(TS)	FQDSELPAR/VTS
Class 지정 운임 조회(Y class)	FQDSELPAR/CY
그룹 운임조회	FQDSELBKK/R,-GRP
승객타입 지정 운임조회(최대3까지)	FQDSELLAX/R,-CH-IN-CD
세계일주 운임조회	FQDSELSEL/AKE/VRW
VUSA Fare 조회	FQDNYCWAS/AAA/R,-VA
판매가(Nego Fare)조회	FQDSELPAR/R,U

① 조건 지정 운임조회 지시어1

FQDSELBKK/D01OCT/AKE/IL,X

• 운임조회구간/ 출발일 01OCT/ 항공사 KE / 항공사 목록제외, 낮은운임 순서

```
FQDSELBKK/D01OCT/AKE/IL,X
MORE FARES AVAIL IN USD
ROE 1098.739 UP TO 100.00 KRW
01OCT17**01OCT17/KE SELBKK/NSP;EH/TPM  2286/MPM  2743
LN FARE BASIS     OW    KRW  RT   B PEN  DATES/DAYS    AP MIN MAX R
01 EHEKS                770000 E  +  S29SEP   06OCT   + -   6M R
02 HHEKS                860000 H  +  S29SEP   06OCT   - -   6M R
03 MHEKS                940600 M  +  S29SEP   06OCT   - -  12M R
04 MHEKS1               941000 M  +  S29SEP   06OCT   - -  12M M
05 MSDRTKE             1033200 M  +    -       -      + - 12M R
06 BHEKS               1110000 B  +  S29SEP   06OCT   - -  12M R
07 MHOWKS      560000          M  +  S29SEP   06OCT   - -   - R
08 MSOWSC      568300          M  +    -       -      + -   - M
09 MSDOWKE     568300          M  +    -       -      + -   - R
10 BHEKS1              1137000 B  +  S29SEP   06OCT   - -  12M M
11 BHOWKS      650000          B  +  S29SEP   06OCT   - -   - R
12 YHRTKE              1320000 Y  +  S29SEP   06OCT   - -   - R
13 YRT                 1377600 Y  +    -       -      - -   - M
14 YHOWKE      730000          Y  +  S29SEP   06OCT   - -   - R
15 YOW         757700          Y  +    -       -      - -   - M
>                                            PAGE  1/ 2
```

② 조건 지정 운임조회 지시어 2

FQDSELPAR/AAF/D01OCT/VTS/CY/R,NUC/IL,X,O

• 운임조회구간/항공사 AF/출발일01OCT/ 방향지표TS/ Class Y/ NUC 지정/항

공사목록 제외, 낮은 운임 순서, 편도운임

```
FQDSELPAR/AAF/D01OCT/VTS/CY/R,NUC/IL,X,O
ROE 1098.739 UP TO 100.00 KRW
01OCT17**01OCT17/AF SELPAR/NSP;TS/TPM  5626/MPM  8342
MISCELLANEOUS INFORMATION AF SEE INFO NOTE AF/0001
SKYTEAM EUROPEAN AIRPASS --> SEE INFO NOTE AF/2002
LN FARE BASIS     OW    NUC  RT   B PEN  DATES/DAYS    AP MIN MAX R
01 YFFWKR     2191.60          Y  -    -       -      + -   - - R
02 YFFW       2191.60          Y  -    -       -      + -   - - M
>                                            PAGE  1/ 1
```

2. 운임 규정 조회(FARE RULE)

조회된 공시운임에 대한 세부조회를 통해 좀 더 정확한 규정을 확인한 뒤 해당 운임의 사용 가능여부를 결정하기 위해 운임 규정을 조회하기 위해서는 공시운임을 조회한 뒤 조회된 운임항목 번호를 지정한다.

1) 해당구간의 공시운임 조회

FQDSELBKK/IL,X/R,NUC

```
FQDSELBKK/IL,X/R,NUC
ROE 1098.739 UP TO 100.00 KRW
19OCT16**19OCT16/YY SELBKK/NSP;EH/TPM  2286/MPM  2743
LN FARE BASIS    OW    NUC  RT   B PEN  DATES/DAYS    AP MIN MAX R
01 YLPX15                 779.70 + P10 S24SEP  26NOV   + 3+  15 M
02 Y                      940.35 Y  -    -       -     -  -   - M
03 YLEE1M                 976.02 +  -  S24SEP  26NOV   -  3+  1M M
04 Y           517.20            Y  -    -       -     -  -   - M
05 Y           517.20   1034.40  Y  -    -       -     -  -   - M
06 Y                    1253.80  +  -    -       -     -  -   - M
07 Y           689.60            +  -    -       -     -  -   - M
08 C                    1821.90  +  -    -       -     -  -   - M
09 C          1002.05            +  -    -       -     -  -   - M
10 F                    2186.50  +  -    -       -     -  -   - M
11 F          1202.65            +  -    -       -     -  -   - M
>                                                   PAGE  1/ 1
```

2) 적용하고자 하는 운임의 Fare Note 조회

FQN1

```
FQN1
**  RULES DISPLAY  **
19OCT16**19OCT16/YY SELBKK/NSP;EH/TPM  2286/MPM  2743
LN FARE BASIS    OW   NUC  RT   B PEN  DATES/DAYS   AP MIN MAX R
01 YLPX15               779.70 + P10 S24SEP  26NOV   + 3+  15 M
FCL: YLPX15    TRF:2008 RULE: T137 BK:  Y
PTC: ADT-ADULT              FTC: XPX-INSTANT PURCHASE EXCURSION
```

```
LN FARE BASIS     OW   NUC  RT   B PEN  DATES/DAYS    AP MIN MAX R
01 YLPX15                779.70 + P10 S24SEP  26NOV   + 3+  15 M
FCL: YLPX15    TRF:2008 RULE: T137 BK:  Y
PTC: ADT-ADULT              FTC: XPX-INSTANT PURCHASE EXCURSION
RU.RULE APPLICATION
 PEX FARES FROM KOREA TO SOUTH EAST ASIA
 APPLICATION
   AREA
     THESE FARES APPLY
     FROM KOREA (REPUBLIC OF) TO RUSSIA (IN ASIA)/SOUTHEAST
     ASIA.
   CLASS OF SERVICE
     THESE FARES APPLY FOR ECONOMY CLASS SERVICE.
   TYPES OF TRANSPORTATION
     THIS RULE GOVERNS ROUND TRIP FARES.
     FARES GOVERNED BY THIS RULE CAN BE USED TO CREATE
     ROUND TRIP/CIRCLE TRIP/OPEN JAW JOURNEYS.
                                              PAGE  1/13
```

☞ 다음 Page 화면 조회 지시어는 'MD'이다.

3) Fare Note의 Fare Category를 이용한 조회

FQN1*L

```
FQN1*L
VERIFY OPTION
**  RULES DISPLAY  **
19OCT16**19OCT16/YY SELBKK/NSP;EH/TPM  2286/MPM  2743
LN FARE BASIS     OW   NUC  RT   B PEN  DATES/DAYS    AP MIN MAX R
01 YLPX15                779.70 + P10 S24SEP  26NOV   + 3+  15 M
FCL: YLPX15    TRF:2008 RULE: T137 BK:  Y
PTC: ADT-ADULT              FTC: XPX-INSTANT PURCHASE EXCURSION
OPTION LIST
   RU.RULE APPLICATION        MN.MIN STAY
   MX.MAX STAY                SE.SEASONS
   SR.SALES RESTRICT          AP.ADVANCE RES/TKT
   CD.CHILD DISCOUNTS         SO.STOPOVERS
   TF.TRANSFERS/RTGS          EL.ELIGIBILITY
   TE.TKT ENDORSEMENT         PE.PENALTIES
   CO.COMBINABILITY           MD.MISCELLANEOUS DATA
   VC.VOLUNTARY CHANGES
        ****** SELECT CATEGORIES ******
                                              PAGE  1/ 1
```

• AP, CD 규정만 조회시

```
FQN1*AP,CD
```

```
18SEP17**18SEP17/YY SELBKK/NSP;EH/TPM  2286/MPM  2743
LN FARE BASIS    OW    NUC  RT  B PEN  DATES/DAYS    AP MIN MAX R
01 YHPX15              811.00  +  P10 S17SEP  23SEP  + 3+  15 M
FCL: YHPX15    TRF:2008 RULE: T137 BK:  Y
PTC: ADT-ADULT                 FTC: XPX-INSTANT PURCHASE EXCURSION
AP.ADVANCE RES/TKT
NOTE - GENERAL RULE DOES NOT APPLY.
  RESERVATIONS ARE REQUIRED FOR ALL SECTORS.
  TICKETING MUST BE COMPLETED WITHIN 24 HOURS AFTER
  RESERVATIONS ARE MADE.

CD.CHILD DISCOUNTS
NOTE - GENERAL RULE DOES NOT APPLY.
  AN ACCOMPANIED CHILD 2-11 YEARS OF AGE - CHARGE 75
    PERCENT OF THE FARE.
      TICKET DESIGNATOR- CH AND PERCENT OF DISCOUNT
    MUST BE ACCOMPANIED ON ALL FLIGHTS  BY ADULT 12 OR
      OLDER.
  OR - AN UNACCOMPANIED CHILD 2-7 YEARS OF AGE - CHARGE 100
                                          PAGE  1/ 2
```

3. Routing 조회

• 해당운임 조회 화면의 맨 오른쪽 끝에 위치한 "R"에서 확인할 수 있다.

• M(Mileage Fare) , R(Routing Fare) 두가지로 표시된다.

1) 해당구간의 공시운임 조회 화면

```
21SEP16**21SEP16/KE SELSGN/NSP;EH/TPM  2223/MPM  2667
LN FARE BASIS    OW    KRW  RT  B PEN  DATES/DAYS    AP MIN MAX R
01 ELEKS              520000 E  +  S16SEP  27SEP    + -  6M R
02 HLEKS              600000 H  +  S16SEP  27SEP    - -  6M R
03 ELEKS1             650000 E  +  S16SEP  27SEP    + -  6M R
```

```
04  MLEKS           700000 M  +  S16SEP  27SEP  -  -  12M R
05  HLEKS1          730000 H  +  S16SEP  27SEP  -  -   6M R
06  MLEKS1          814300 M  +  S16SEP  27SEP  -  -  12M M
07  BLEKS           850000 B  +  S16SEP  27SEP  -  -  12M R
08  MSDRTKE         956700 M  -    -       -    +  -  12M R
09  BLEKS1         1019300 B  +  S16SEP  27SEP  -  -  12M M
10  YLRTKE         1050000 Y  -  S16SEP  27SEP  -  -    - M
11  YRT           1275600 Y  -    -       -    -  -    - M
12  DBIZKR        1672400 D  +    -       -    + 3  -  6M+R
13  CRT           1858200 C  -    -       -    -  -    - M
14  JRT           2044200 J  -    -       -    -  -    - M
15  FRT           2286000 F  -    -       -    -  -    - M
16  PRT           2514600 P  -    -       -    -  -    - M
>                                          PAGE  1/ 2
```

2) 적용하고자 하는 운임의 Routing 조회(3번)

```
FQR3
```

```
ROE 1159.796 UP TO 100.00 KRW
21SEP16**21SEP16/KE SELSGN/NSP;EH/TPM  2223/MPM  2667
LN FARE BASIS     OW  KRW  RT   B PEN  DATES/DAYS    AP MIN MAX R
03 ELEKS1              650000 E  +  S16SEP  27SEP   +  -   6M R
ADDON          SPECIFIED  KE6007  ADDON           EFF10JUN15
 1 * SEL-HKG/PNH/HAN/DAD-VN-SGN
>                                          PAGE  1/ 1
```

4. Mileage 조회

- 최대 29개 도시의 Mileage 확인이 가능하다

1) 기본지시어

```
FQMSELTYOBOMDELPARLON
```

```
FQM    SEL    TYO    BOM    DEL    PAR    LON

CTY   DC    TPM    CUM    MPM   DC LVL   <HGL   >LWL    25M   XTRA
SEL 3
TYO 3 EH    758    758    909   EH  0M    151      0   1136      0
BOM 3 EH   4201   4959   4148   EH 20M     18    189   5185      0
DEL 3 EH    708   4967   3576   EH EXC      0    497   4470    700
PAR 2 EH   4076   9743   8688   EH 15M    248    187  10860      0
LON 2 EH    214   9957   8918   EH 15M    298    148  11147      0
>                                                      PAGE  1/ 1
```

5. 통화(Currency) 변환

- 유효한 ROE, BSR, BBR을 이용 통화 변환 기능이다.
- 과거 12개월 전 까지의 환율을 적용한 통화 변환이 가능하다.

1) NUC 변환

FQC456.78NUC/KRW

```
CONVERSION OF NUC TO KRW
KRW 529800 - ROUNDED AS FARES
KRW 529771 - AMOUNT TRUNCATED
ROE USED 1 NUC = 1159.796 KRW EFF 01SEP16

ROUNDING OF FARES UP TO 100 KRW

NUC - NEUTRAL UNIT OF CONSTRUCTION
KRW - S.KOREAN WON
>                                         PAGE  1/ 1
```

2) 통화 변환

FQC300000KRW/JPY

```
BSR CONVERSION OF KRW TO JPY
JPY 27400 - ROUNDED AS FARES
JPY 27370 - ROUNDED AS OTHER CHARGES
JPY 27368 - AMOUNT TRUNCATED
BSR USED 1 KRW = 0.091229 JPY EFF 21SEP16 DISC 21SEP16

ROUNDING OF FARES UP TO 100 JPY
ROUNDING OF OTHER CHARGES UP TO 10 JPY

KRW - S.KOREAN WON
JPY - JAPANESE YEN
>                                        PAGE   1/ 1
```

3) 환율을 지정한 변환

FQC100USD/KRW1180

```
CONVERSION OF USD TO KRW
KRW 118000 - ROUNDED AS FARES
KRW 118000 - ROUNDED AS OTHER CHARGES
KRW 118000 - AMOUNT TRUNCATED
INPUT USED 1 USD = 1180 KRW

ROUNDING OF FARES UP TO 100 KRW
ROUNDING OF OTHER CHARGES UP TO 100 KRW
```

4) ROE조회

FQAKRW

```
            EFF 01SEP16 ***  DISC INDEF
1 NUC      1159.796 KRW         ROUNDING UP TO      100.00  KRW
```

01 다음 조건에 맞는 공시운임 조회 Entry를 기재하시오.

> 구간 : 서울–뉴욕
>
> 적용 운임 : 1/2 RT 운임
>
> 출발일 : 1OCT
>
> 항공사 : 대한항공

02 운임 라인 번호 1번에 대해 Category Index로 Fare Rule를 조회하는 지시어는(Rule list 조회)? (규정전체)

03 다음 여정에 대한 마일리지 조회 지시어를 기재하시오.
SEL – FRA – PAR – LON – AMS

04 공시운임 조회 후 적용하고자 하는 운임의 Routing 조회(2번) 지시어를 기재하시오.

05 NUC3456.77를 KRW으로 변환하는 지시어를 기재하시오.

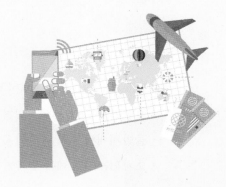

CHAPTER

03

항공운임의 정산

01 ✈ 거리제도 (Mileage System)

　일반적으로 승객의 항공여행은 출발지점으로부터 다른 한 지점까지의 단순편도 또는 단순왕복의 여정 형태보다는 최초의 출발지와 최종 목적지 사이에 중간지점을 경유하는 여정의 형태를 띠게 된다. 이와 같은 항공여행의 일반적인 특성을 고려하여 고안된 요금계산방식이 거리제도 Mileage System 이며, 항공요금 산출의 근간이 되고 있다.

1. Mileage System의 적용

- Mileage System은 승객이 여행한 거리를 바탕으로 요금이 결정되는 방식이다.
- 요금계산 시 실제이용거리 TPM 와 ,최대허용거리 MPM 를 비교하여 결정한다.
- 출발지에서 도착지 운임을 그대로 적용한다.
- 초과되는 경우에는 초과거리할증 EMS 을 적용하는 방식이다.

2. Mileage System의 3요소

1) 실제이용거리 TPM(Ticketed Point Mileage)

- 구간별 실제 여정의 거리를 말한다.
- 구간별 거리의 합계를 산출하여 최대허용거리인 MPM과 비교한다.
- 실제이용 거리인 TPM은 항공편이 운항중인 구간에만 설정되어 있다.

2) 최대허용거리 MPM(Maximum Permitted Mileage)

- 출발지에서 도착지인 두 도시간의 최대 허용거리를 의미한다.
- 일반적으로 최대허용거리인 MPM은 실제여정거리인 TPM의 약 1.2배 정도로 설정되어 있다.
- 두 도시 사이의 중간도시를 경유하여도 추가 운임을 지불하지 않고 여행할 수 있도록 구성되어 있다.

3) 초과거리할증 EMS(Excess Mileage Surcharge)

- 출발지에서 목적지까지의 최대허용거리인 MPM보다 실제이용거리인 TPM의 합계가 많아지는 경우에 발생하게 된다.
- 이러한 경우 추가운임을 지불해야 하며 이때 적용하는 일정 비율의 할증율을 초과거리할증인 EMS라 한다.

할증율 Factor = Total TPM ÷ MPM			
	1.00	1.05	5M
	1.05	1.10	10M
할증율	Factor가	1.10 보다 크고 1.15 보다 같거나 작으면	15M
	1.15	1.20	20M
	1.20	1.25	25M
	1.25	보다 크면 출발지목적지 간 운임 이용 불가	

- 할증율이 5M이면 출발지/목적지 운임에 1.05를 곱하여 운임을 산출한다.
- 25M을 초과하는 경우에는 더 이상 출발지/목적지 운임을 할증하여 사용할 수 없고 중간의 한 도시를 선정하여 운임마디를 나누어 계산하여야 한다.

5M	X 1.05
10M	X 1.10
15M	X 1.15
20M	X 1.20
25M	X 1.25
EXC	마디를 나누어 계산한다

 사례 ① SEL - BKK - SIN

FQMSELBKKSIN

```
FQM   SEL   BKK   SIN

CTY   DC   TPM   CUM   MPM   DC  LVL  <HGL  >LWL   25M  XTRA
SEL 3
BKK 3 EH  2286  2286  2743  EH  0M   457     0   3428     0
SIN 3 EH   889  3175  3459  EH  0M   284     0   4323     0
>                                             PAGE  1/ 1
```

사례 2 SEL - HKG - MNL

FQMSELHKGMNL

```
FQM   SEL   HKG   MNL

CTY   DC   TPM   CUM   MPM   DC LVL   <HGL   >LWL   25M   XTRA
SEL 3
HKG  3 EH  1295  1295  1554  EH  0M    259      0   1942     0
MNL  3 EH   712  2007  1952  EH  5M     42     55   2440     0
>                                               PAGE  1/ 1
```

사례 3 SEL - TPE - TYO

FQMSELTPETYO

```
FQM   SEL   TPE   TYO

CTY   DC   TPM   CUM   MPM   DC LVL   <HGL   >LWL   25M   XTRA
SEL 3
TPE  3 EH   914   914  1096  EH  0M    182      0   1370     0
TYO  3 EH  1330  2244   909  EH EXC      0   1108   1136     0
>                                               PAGE  1/ 1
```

3. 사례를 통한 Mileage System 운임 계산 적용절차

사례 1 SEL - BKK - SIN

① 출발지/목적지간의 Mileage를 확인한다.

FQMSELBKKSIN

```
FQM   SEL   BKK   SIN

CTY   DC   TPM   CUM   MPM   DC LVL   <HGL   >LWL   25M   XTRA
SEL 3
BKK  3 EH  2286  2286  2743  EH  0M    457      0   3428     0
SIN  3 EH   889  3175  3459  EH  0M    284      0   4323     0
>                                               PAGE  1/ 1
```

② 출발지/목적지간의 NUC를 확인하여 가장 저렴한 운임을 찾는다.

FQDSELSIN/IL,X,O/R,NUC

```
FQDSELSIN/IL,X,O/R,NUC
ROE 1159.796 UP TO 100.00 KRW
21SEP16**21SEP16/YY SELSIN;NSP;EH/TPM  2883/MPM  3459
LN FARE BASIS     OW    NUC  RT  B PEN  DATES/DAYS    AP MIN MAX R
01 Y            538.02          Y  -    -      -      -   -   -  M
02 Y            538.02          Y  -    -      -      -   -   -  M
03 Y            717.36          +  -    -      -      -   -   -  M
04 C           1040.35          +  -    -      -      -   -   -  M
05 F           1248.58          +  -    -      -      -   -   -  M
>                                                     PAGE  1/ 1
```

③ 계산된 NUC운임을 출발국가의 ROE를 곱하여 출발지 통화로 환산한다.

$$NUC \times ROE = KRW$$

FQC538.02NUC/KRW

```
CONVERSION OF NUC TO KRW
KRW 624000 - ROUNDED AS FARES
KRW 623993 - AMOUNT TRUNCATED
ROE USED 1 NUC = 1159.796 KRW EFF 01SEP16
```

사례 **2** SEL - HKG - MNL

① 출발지/목적지간의 Mileage를 확인한다.

FQMSELHKGMNL

```
CTY  DC   TPM   CUM   MPM  DC LVL  <HGL  >LWL   25M  XTRA
SEL 3
HKG 3 EH  1295  1295  1554 EH  0M   259    0   1942    0
MNL 3 EH   712  2007  1952 EH  5M    42   55   2440    0
>                                           PAGE  1/ 1
```

② 출발지/목적지간의 NUC를 확인하여 가장 저렴한 운임을 찾는다.

FQDSELMNL/IL,X,O/R,NUC

```
ROE 1159.796 UP TO 100.00 KRW
21SEP16**21SEP16/YY SELMNL/NSP;EH/TPM  1627/MPM  1952
LN FARE BASIS    OW    NUC  RT   B PEN  DATES/DAYS    AP MIN MAX R
01 Y            336.00          Y -    -    -    -    -   -   - M
02 Y            336.00          Y -    -    -    -    -   -   - M
03 Y            448.00          + -    -    -    -    -   -   - M
04 C            657.61          + -    -    -    -    -   -   - M
05 F            788.58          + -    -    -    -    -   -   - M
>                                             PAGE  1/ 1
```

③ 적용운임에 할증률을 곱한다.

　　　NUC 336.00 × 1.05 = NUC 352.80

④ 계산된 NUC운임을 출발지국가의 ROE를 곱하여 출발지 통화로 환산한다.

　　　NUC × ROE = KRW

FQC352.80NUC/KRW

```
CONVERSION OF NUC TO KRW
KRW 409200 - ROUNDED AS FARES
KRW 409176 - AMOUNT TRUNCATED
ROE USED 1 NUC = 1159.796 KRW EFF 01SEP16

ROUNDING OF FARES UP TO 100 KRW
```

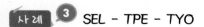 **SEL - TPE - TYO**

① 출발지/목적지간의 Mileage를 확인한다.

FQMSELTPETYO

```
CTY  DC   TPM   CUM   MPM  DC LVL  <HGL  >LWL   25M  XTRA
SEL 3
TPE 3 EH  914   914  1096  EH  0M   182     0  1370     0
TYO 3 EH 1330  2244   909  EH EXC    0   1108  1136     0
>                                         PAGE  1/ 1
```

☞ EXC인 경우 운임마디를 나눈다.

② 운임마디별로 출발지/목적지간의 NUC를 확인하여 가장 저렴한 운임을 찾는다.

FQDSELTPE/IL,X,O/R,NUC

```
21SEP16**21SEP16/YY SELTPE/NSP;EH/TPM  914/MPM  1096
LN FARE BASIS    OW    NUC  RT  B PEN   DATES/DAYS    AP MIN MAX R
01 Y            222.90             Y -    -    -      -   -   - M
02 Y            222.90             Y -    -    -      -   -   - M
03 Y            297.20             + -    -    -      -   -   - M
04 C            432.40             + -    -    -      -   -   - M
05 F            492.15             + -    -    -      -   -   - M
>                                                 PAGE  1/ 1
```

FQDTPETYO/IL,X,O/R,NUC

```
21SEP16**21SEP16/YY TPETYO/NSP;EH/TPM  1330/MPM  1596
LN FARE BASIS    OW    NUC  RT  B PEN   DATES/DAYS    AP MIN MAX R
01 YIF          792.10             + -    -    -      -   -   - M
02 CIF         1096.90             + -    -    -      -   -   - M
03 FIF         1306.96             + -    -    -      -   -   - M
>                                                 PAGE  1/ 1
```

③ 계산된 NUC운임을 출발지국가의 ROE를 곱하여 출발지 통화로 환산한다.

NUC × ROE = KRW

NUC222.90(SEL/TPE) + NUC792.10(TPE/TYO) = NUC1015.00

FQC1015.00NUC/KRW

```
CONVERSION OF NUC TO KRW
KRW 1177200 - ROUNDED AS FARES
KRW 1177192 - AMOUNT TRUNCATED
ROE USED 1 NUC = 1159.796 KRW EFF 01SEP16
```

항공운임의 **정산**

01 SEL − TPE − HKG − BKK (Y Normal Fare)

02 SEL − HKG − BKK − SIN (Y Normal Fare)

03 SEL − BKK − PAR − LON (Y Normal Fare)

04 SEL − AKL − SYD (Y Normal Fare)

05 SEL − X/TYO − SYD (Y Normal Fare)

06 SEL − DXB − CAI − LHR − PAR − SEL (Y Normal Fare) F/B: CAI

07 SEL − X/BKK − CAI − IST − TLV − ROM (Y Normal Fare)

08 SEL − SYD − BNE − SEL (Y Normal Fare) F/B: BNE

09 SEL − X/OSA − SIN − JKT − SEL (Y Normal Fare) F/B: SIN

02 비 항공 운송구간(Surface Transportation)

- 승객이 항공편을 이용하지 않고 다른 교통수단을 이용하는 구간이다.
- 여정 상 항공여행이 일시 중단된 구간을 의미한다
- 해당구간에 정기 항공노선이 부재한 경우에 주로 발생한다
- 승객이 자의로 해당구간을 육상 또는 해상 운송수단을 이용하는 경우이다.

1. 비항공운송구간이 포함된 여정의 운임계산

🎲 **SEL - HKG X TPE - BKK - KUL (Y Normal Fare)**

방법 1) 비 항공운송구간을 제외하고 운임마디를 나누어 계산한다.

SEL	① 첫째마디 mileage 확인 필요없음
HKG - 448.00	둘째마디 mileage 확인
X	FQMTPEBKKKUL
TPE -	0M
BKK M	② 1) FQDSELHKG/IL.X.O/R.NUC
KUL - 1080.95	NUC448.00
-------------------	2) FQDTPEKUL/IL.X.O/R.NUC
NUC 1528.95	NUC1080.95
	③ NUC448.00 + NUC1080.95 = NUC1528.95

☞ mileage system의 보완규정인 HIP check는 제외시킨 상태임

방법 2) 비 항공 운송구간의 실제이용거리인 TPM을 포함한 Mileage를 계산
하여 하나의 운임마디로 계산한다.

SEL

HKG   ① FQMSELHKGTPEBKKKUL

  X   ② FQDSELKUL/IL.X.O/R.NUC

TPE   NUC757.23

BKK   20M   ③ NUC757.23 × 1.20 = NUC908.67

KUL − 908.67

‒‒‒‒‒‒‒‒‒‒‒‒

NUC   908.67

☞ mileage system의 보완규정인 HIP check는 제외시킨 상태임

‣• 위의 두 가지 방법을 이용하여 계산 후 저렴한 운임을 선택한다.

연 습 문 제

01 SEL–PAR–MIL X ROM–LON (Y, 방법1로 계산)

02 SEL – PAR – MIL X ROM – LON (Y, 방법2로 계산)

03 SEL – CAI X PAR – SEL (Y, 방법1로 계산)

04 SEL – CAI X PAR – SEL (Y, 방법2로 계산)

 거리제도(Mileage System)의 보완규정

Mileage System의 규정은 여러 구간을 하나의 단위로 계산함으로서 항공여행의 특성에 부합하도록 한 것이지만, 실제 운임계산에 있어 불합리한 점이 발견되어 이에 따라 각종 보완규정을 두게 되었다.

1. 중간 높은 운임 Higher Intermediate Point(HIP)

Mileage System 을 이용하여 운임을 계산하다 보면 어떤 경우에는 운임마디의 출발지에서 도착지 운임보다 중간지점의 운임이 더 높은 여정이 나타날 수 있다. 이를 보완하기 위한 규정으로 중간높은 운임(Higher Intermediate Point : HIP) Check가 고안되었다.

 사례를 통한 HIP 설명

SEL	① FQMSELHKGPAR
HKG　　　M	0M (EH)
PAR - 2063.82	② FQDSELPAR/IL,X,O/R,NUC/VEH
	NUC2063.82
HKG	FQDHKGPAR/IL,X,O/R,NUC/VEH
PAR - 3159.05	NUC3159.05

∴ 이러한 불합리한 상황을 보완하기 위하여 나온 보완규정이 HIP 규정이다.

1) HIP check 방법

HIP check는 운임의 적용방향으로 진행하며 다음 3가지 경우의 운임을 비교하여 가장 높은 운임을 적용한다(단, X MARK(도중체류를 하지 않는) 도시는 제외).

- 출발지에서 도중체류지점간의 운임(사례 ; SEL-HKG)

- 도중체류지점과 목적지간의 운임(사례 : HKG-PAR)

- 도중체류지점과 도중체류지점간의 운임

사례를 통한 HIP 적용 계산

1) SEL
   HKG   M
    ///   HKGPAR
   PAR − 3159.05
   －－－－－－－－－－

① FQMSELHKGPAR
   0M (EH)
② FQDSELPAR/IL.X.O/R.NUC/VEH
   NUC2063.82
③ HIP check
   SEL−HKG 472.90
   HKG−PAR 3159.05(HIP적용)

2) SEL
   LON   M
   EDI   SELEDI
   PAR   2245.02
   －－－－－－－－－－

① FQMSELLONEDIPAR
   0M (TS)
② FQDSELPAR/IL.X.O/R.NUC/VTS
   NUC2108.41
③ HIP check
   SEL−LON 2107.59
   SEL−EDI 2245.02 (HIP적용)
   LON−PAR 658.95
   EDI −PAR 868.37

☞ 국내선 구간은 HIP check 대상에서 제외한다

3) SEL
   SIN   10M
    ///   SINPAR
   PAR   4521.53
   －－－－－－－－－－

① FQMSELSINPAR
   10M (EH)
② FQDSELPAR/IL.X.O/R.NUC/VEH
   NUC2063.82
③ HIP check
   SEL−SIN 757.23
   SIN−PAR 4110.49 (HIP적용)
④ NUC4110.49 X 1.10 = NUC 4521.53
   (HIP 요금에 할증율 적용)

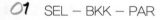

연 습 문 제

01 SEL – BKK – PAR

02 SEL – X/TYO – SIN

03 SEL – BOM – MAA

04 SEL – OSA – SIN

05 SEL – X/KUL – MAA – BOM – SEL (F/B : MAA , Y CLS)

06 SEL – SIN – PAR – BKK – SEL (F/B : PAR , Y CLS)

항공운임의 **정산**

65

2. 일주최저운임(Circle Trip Minimum Check : CTM)

두 개 이상의 운임마디로 이루어진 일주여정의 경우, 항공운임 계산 시 Mileage System 및 HIP Check를 완료하여 나타난 운임의 값이 출발지부터 여정상의 도중체류하는 중간지점까지의 직행 왕복운임보다 낮게 산출되는 경우가 발생할 수 있다. 이러한 경우, 출발지부터 직행 왕복운임이 가장 높은 지점까지의 왕복운임을 최소운임으로 간주하여 Minimum Check 하는 것을 일주최저운임 즉, CTM 이라 한다.

 시례를 통한 CTM 설명

SEL	① 1) Mileage Check 필요없음
LON – 1621.17	2) FQMSELPARATHLON
ATH 5M	5M (TS)
PAR SELATH	② 1) FQDSELLON/IL.X.H/VTS
SEL 1798.84	NUC1621.17
------------	2) FQDSELLON/IL.X.H/VTS
NUC 3420.01	NUC1621.17 ×1.05 = 1798.84
	③ HIP check
	1) 없음
	2) SEL−PAR 1621.85
	SEL−ATH 1713.19
	PAR−ATH 897.78
	PAR−LON 611.61
	ATH−LON 1082.95

SEL	SEL	SEL
LON – 1621.17	ATH – 1713.19	PAR – 1621.85
SEL 1621.17	SEL 1713.19	SEL 1621.85
------------	------------	------------
NUC 3242.34	NUC 3426.38	NUC 3243.70

❖ 위의 예에서 볼 수 있듯이 일주여정의 운임 계산 결과가 단순왕복보다 낮아지는 경우가 발생하기 때문에 이를 보완하기 위해 CTM check를 실시한다.

1) CTM check

일주여정일 경우 출발지에서 각 도중체류지점까지의 직행 왕복운임을 확인하고, 그 중 가장 높은 운임을 적용한다

- 운임마디의 개수가 2개 이상이며 1/2 RT Fare 사용한다
- OUT/IN Bound운임이 상이하다
- 출발지에서 도중체류지점간의 가장 높은 Normal RT 운임수준까지 올려 받는다.
- Normal Fare에서 CTM Check시는 HIP 결과와 상관없이 반드시 CTM Check을 실시한다.

2) CTM check(Normal Fare) 방법

① Mileage check로 운임마디를 결정 후 마디별 초과거리 할증을 결정한다.
② 운임마디 별로 출발지에서 목적지까지의 운임을 확인한다.
③ 1/2RT운임을 이용하여 운임마디별로 HIP check를 실시한다.
④ 초과거리할증이 발생되었다면 HIP 운임에 초과거리를 할증하여 계산한다.
⑤ 운임을 합산한다.
⑥ 전체여정에서 출발지에서 각 도중체류지점까지의 직행왕복운임을 확인한다.
⑦ 직행왕복운임 중 가장 높은 운임을 선정한다.
⑧ 운임마디 별로 합산한 금액과 직행왕복운임을 비교한다.
⑨ 직행왕복운임이 높을 경우 직행왕복 수준만큼 운임을 올려 받는다.
⑩ 총 운임에 출발지 ROE를 곱하여 출발지국 통화로 계산한다.

 사례를 통한 CTM check 방법

SEL	① 1) Mileage Check 필요없음
LON-1621.17	2) FQMSELPARATHLON
ATH 5M	5M (TS)
PAR SELATH	② 1) FQDSELLON/IL.X.H/R.NUC/VTS
SEL 1798.84	NUC1621.17
	2) FQDSELLON/IL.X.H/R.NUC/VTS
SELATH	NUC1621.17
P 6.37	③ HIP check
	1) 없음
NUC 3426.38	2) SEL-PAR 1621.85
	SEL-ATH 1713.19
	PAR-ATH 897.78
	PAR-LON 611.61
	ATH-LON 1082.95
	④ (1621.17) + (1713.19 × 1.05) = 3420.01
	⑤ CTM check
	SEL-LON-SEL 3242.34
	SEL-ATH-SEL 3426.38
	SEL-PAR-SEL 3243.70
	⑥ Total NUC와 직행왕복운임 비교
	NUC3420.01 〈 NUC3426.38
	⑦ 직행왕복수준 만큼 올려 받는다
	NUC3426.38 - NUC3420.01 = NUC6.37
	⑧ 1621.17 + 1798.84 + 6.37 = 3426.38

 사례를 통한 CTM check 방법 예

SEL

SYD M

 ///   SELSYD

BNE 1742.04

SEL 1639.37

    SELSYD

P 102.67

NUC 3484.08

① 1) FQMSELSYDBNE

    0M (EH)

  2) Mileage Check 불필요

② 1) FQDSELBNE/IL.X.H/R.NUC

    NUC1639.37

  2) FQDSELBNE/IL.X.H/R.NUC

    NUC1639.37

③ HIP check

  1) **SEL−SYD 1742.04**

    SYD−BNE (국내구간으로 Hip Check 불필요)

  2) 없음

④ Total NUC3381.41

⑤ CTM check

  SEL− BNE − SEL 3278.74

  SEL− SYD − SEL 3484.08

⑥ Total NUC와 직행왕복운임 비교

  NUC3381.41 〈 NUC3484.08

⑦ 직행왕복수준 만큼 올려 받는다

  NUC3484.08 − NUC3381.41 = 102.67

⑧ 1742.04 + 1639.37 + 102.67 = 3484.08

연 습 문 제

01 SEL – DXB – CAI – LON – PAR – SEL (F/B: CAI , Y)

02 SEL – X/CAI – PAR – ATH – FRA – SEL (F/B: PAR, Y)

3. 편도최저운임(Oneway Backhaul Check : BHC)

편도최저운임이란 OW 여정운임 적용 시 편도여정에서 목적지 이후에 운임이 낮은 도시들을 임의로 추가하는 것을 방지하기 위한 보완 규정이다.

- OW 여정운임 적용 중 출발지에서 도중체류지점 사이에 HIP이 존재할 경우 Check 한다.
- OW여정의 운임계산 시 운임마디 별로 출발지로부터 목적지까지의 운임보다 출발지로부터 도중체류지점까지의 운임이 더 높은 경우 Check한다.

 사례를 통한 BHC 설명

SEL	① FQMSELISTROM
IST M	0M (TS)
/// SELIST	② FQDSELROM/IL.X.O/R.NUC/VTS
ROM 2227.18	NUC2058.08
------------	③ HIP check
	SEL-IST 2227.18
	IST-ROM 1308.00
SEL	
IST 2227.18	

NUC 2227.18	

위와 같이 편도여정에서 목적지 이후에 운임이 낮은 도시를 추가함으로써 같은 운임으로 여러 도시를 추가 하는 것을 방지하기 위한 보완 규정이다.

연습문제

01 SEL – PAR – MAN – DUS – LON (Y)

02 SEL – FRA – ATH – PAR (Y)

1) BHC 대상

- OW 여정운임
- 출발지에서 도중체류지점 사이에 HIP이 발생하는 여정

2) BHC check

 공식

> 방법 1) 편도최저운임 = (출발지에서 도중체류지점 HIP 운임 × 2)
>
> − 출발지/목적지 운임
>
> 방법 2) (출발지에서 도중체류지점 HIP운임 − 출발지에서 목적지운임)
>
> + 출발지에서 도중체류지점사이의 HIP운임

3) BHC check 방법

① Mileage check를 통해 운임마디 및 초과거리 할증을 확인한다.

② 출발지에서 목적지까지의 운임을 확인한다.

③ HIP check를 실시한다.

④ HIP 발생 시 운임에 초과거리 할증을 적용한다.

⑤ 출발지에서 도중체류지점 사이에 HIP이 존재한 경우에 BHC를 산출한다.

⑥ HIP 발생 시 운임에 초과거리 할증을 적용한 운임과 BHC를 산출한 운임을 비교하여 BHC를 산출한 운임이 높을 경우 그 차액을 추가로 징수한다.

⑦ 초과거리 할증을 적용한 HIP운임 + BHC 산출 차액 = 전체 운임이다.

사례를 통한 BHC check 설명

SEL		① FQMSELISTROM
IST	M	0M (TS)
///	SELIST	② FQDSELROM/IL.X.O/R.NUC/VTS
ROM	2227.18	NUC2058.08
----------		③ HIP check
	SELIST	**SEL-IST 2227.18**
		IST-ROM 1308.00
	SELROM	④ BHC check
P	169.10	(HIP구간 X 2) - 출발지/목적지
----------		(NUC 2227.18 X 2)-NUC2058.08 = 2396.28
NUC	2396.28	⑤ 2396.28 - 2227.18 = 169.10
		⑥ 2227.18 + 169.10 = 2396.28

 사례를 통한 BHC check 방법 예

SEL		① FQMSELISTAMSLON
IST	M	0M (TS)
AMS	SELIST	② FQDSELLON/IL.X.O/R.NUC/VTS
LON	2227.18	NUC 2107.59
----------		③ HIP check
	SELIST	**SEL-IST 2227.18**
	SELLON	SEL-AMS 2058.08
P	119.59	IST-AMS 1214.00
----------		IST-LON 1425.00
NUC	2346.77	AMS-LON 546.52
		④ BHC check
		(2227.18 × 2) - 2107.59 = 2346.77
		⑤ 2346.77-2227.18=119.59
		⑥ 2227.18+119.59=2346.77

4. 혼합등급여정의 운임계산(Mixed Class)

혼합등급이란?

전 여정을 하나의 Class가 아닌 두 개 이상의 Class를 이용하는 여정을 의미한다.

혼합등급 여정은 다음 3가지 계산방법 중 저렴한 결과를 산출하는 방법에 의해

운임을 계산한다

사 례 **1**

```
     SEL
  X/HKG – Y
     LON – C
```

방법 1) 각 구간별 구간운임을 합산한다.

```
     SEL
  X/HKG – 472.90(Y)
     LON – 6791.32(C)
  ──────────────
     HKG   X
     LON   Q 5.80
  ──────────────
     NUC   7270.02
```

방법 2) 여정 중 하위 Class의 운임으로 전체여정을 계산 후 상위 Class 이용구
간에 대해 상위 Class의 운임과 하위 Class의 차액을 합산한다.

```
    SEL
X/HKG   M
    LON − 2063.82(Y)
────────────────
    HKG   X
    LON   D  3596.16(C−Y)
────────────────
    HKG   X
    LON   Q  5.80
────────────────
    NUC   5665.78
```

방법 3) 여정 중 가장 높은 Class의 운임으로 계산한다.

```
    SEL
X/HKG   M
    LON − 4200.26(C)
────────────────
    HKG   X
    LON   Q  5.80
────────────────
    NUC   4206.06
```

등급 차액 계산 방식

1) 등급차액을 계산할 경우 이용되는 특별한 언급이 없는 한 반드시 정상운임^(Normal Fare)만 을 사용하여야 한다.

2) 등급차액을 계산하는 방향은 해당 운임마디의 운임적용 방향과 동일하게 적용한다.

3) 등급차액 계산 시 OW운임적용 여정은 OW운임으로, 1/2RT운임 적용 여정은 1/2RT운임으로 등급차액을 계산 한다.

4) 하위 Class의 운임계산 시 해당되는 최저운임 Check^(CTM, BHC 등)을 완료한 후 등 급차액을 더 한다.

5) 연속된 구간을 상위 Class로 여행 시 해당구간의 등급차액을 계산하기 위하여 Mileage System을 적용할 수 있다.

6) 등급차액을 산출하기 위해 편의상 구간의 운임계산 시에는 HIP 규정까지만 적용하 고 그 이상의 Check는 하지 않는다.

7) 운임분리지점이 상위 Class로 여행하는 구간의 중간에 있을 경우에는 운임마디 별로 등급차액을 계산하여야 한다.

항공운임의 **정산**

04 ✈ 노선제도(Routing System)

1. 개요

- 노선제도(Routing System)는 장거리 특성 상 타 노선에 비해 너무 높은 운임이 책정될 수 밖에 없는 노선에 대한 보완 요금 방식이다.
- 각 항공사들이 자사가 보유하고 있는 탑승노선을 위주로 특정 경유도시와 특정 항공사를 지정하여 저렴한 운임을 사용할 수 있도록 징수하는 요금 방식이다.
- 출발지와 목적지간 운임과 함께 여정이 함께 공시되어 승객의 여정이 이에 해당 될 경우 해당 운임을 그대로 징수하는 방식이다.
- 노선제도(Routing System)는 Special Fare에만 적용된다.
- 노선제도(Routing System)를 적용하는 운임의 경우는 거리에 따른 할증은 적용하지 않는다.

2. Routing System의 사용조건

- Routing 운임을 사용하기 위해서는 발권 항공사가 설정해 놓은 경유도시를 사용해야 한다.
- Routing 운임을 사용하기 위해서는 이원 구간에 대한 탑승 항공사도 별도로 설정되어 있는 항공사를 사용해야 한다.
- Routing 운임을 사용하기 위해서는 이원 구간 탑승 항공사에 대한 Booking Class도 별도로 지정되어 있는 Code를 반드시 사용해야 한다.
- 위의 조건을 모두 충족하는 경우 출발지에서 목적지 운임을 그대로 적용한다.

3. Routing System의 특징

- Routing 운임은 Mileage System 관련 규정은 Check하지 않는다
- Route Map은 한쪽 방향으로 공시되어 있으나 반대방향으로도 적용가능하다.
- Route Map은 중간 경유 지점은 생략될 수 있지만 추가될 수는 없다.

사례를 통한 Routing System 운임 적용 절차

사례 1

- 구간 : SEL ‐ LAX ‐ CHI ‐ SFO ‐ SEL
           　　　 KE 　　　　　　 KE
- 조건 : 11월 1일 출발 2개월 체류예정

① KE 이원 한 구간에서 운임마디를 나눈다. (KE 구간 + 1구간)

```
SEL
LAX
CHI    ──── 운임마디 지점
LAX
SEL
```

② 출발지에서 운임마디지점까지의 운임을 확인한다.

FQDSELCHI/AKE/D01NOV/IL,X,H/R,NUC

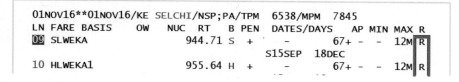

```
                                        S15SEP  18DEC
 11 MLXEKA              956.55 M  +      -       12345+ - -  12M R
                                        S15SEP  18DEC
 12 MLWEKA             1002.05 M  +      -          67+ - -  12M R
                                        S15SEP  18DEC
 13 MLXSTO             1053.75 M  +      -       12345+ - -   -  R
                                        S15SEP  18DEC
 14 BLXEKA             1056.66 B  +      -       12345+ - -  12M R
                                        S15SEP  18DEC
 15 BLWEKA             1102.17 B  +      -          67+ - -  12M R
                                        S15SEP  18DEC
 16 MLWSTO             1144.76 M  +      -          67+ - -   -  R
                                        S15SEP  18DEC
 17 YLEEKA             1683.74 Y  +   S15SEP     18DEC+ - -  12M R
 18 YRT                2095.90 Y  +      -        -     + - -   -  M
 >                                              PAGE  2/ 3
```

③ 해당 운임의 Route Map을 확인한다

FQR11

```
ROE 1098.739 UP TO 100.00 KRW
01NOV16**01NOV16/KE SELCHI/NSP;PA/TPM  6538/MPM  7845
LN FARE BASIS     OW   NUC  RT  B PEN  DATES/DAYS    AP MIN MAX R
11 MLXEKA              956.55 M  +          12345+ -  -  12M R
                                    S15SEP  18DEC
ADDON           SPECIFIED  KE7001 ADDON         EFF14SEP16
** PLZ DBL CHECK VIA SYSTEM PRICING IF DL MKTG INCLUDED **
BTWN TYO AND FUK SURFACE   SECTOR REQUIRED
BTWN TYO AND NGO SURFACE   SECTOR REQUIRED
BTWN TYO AND OSA SURFACE   SECTOR REQUIRED
BTWN TYO AND SPK SURFACE   SECTOR REQUIRED
 1 * SEL-SPK/FUK/NGO/OSA-TYO-HNL-LAX-VX-CHI
 2 * SEL-SEA/DFW/HNL/LAS/CHI-AA-CHI
 3 * SEL-CHI
 4 * SEL-HNL-SFO-VX/AA-CHI
 5 * SEL-LAX-AA/AS/DL-CHI
 6 * SEL-HNL-SFO-CHI
 7 * SEL-SEA-AS-CHI
 8 * SEL-SEA-CHI
                                           PAGE  1/ 1
```

☞ Route Map은 한쪽 방향으로 공시되어 있으나 반대방향으로도 적용가능하다

④ 해당 항공사의 Booking Class를 확인한다.

GGAIRKECLSAA

```
                   CLS AA              EN  20JAN16 0824Z
------------------------------------------------------------
* AMERICAN AIRLINES (AA/001) *
* WARNING : 1. PENALTY APPLIES FOR ALL OTHER BKG CLS
* NOTE : 1. REFER TO AUTO PRICNING FOR C/S AND OTHER SECTORS
         2. BKG CLS PRIORTY IS FROM LEFT TO RIGHT
            "/" MEANS SAME LEVEL PRIORITY
------------------------------------------------------------
* EFF : 2015.2.1   (BASED ON TICKETING DATE)

1. FIRST CLASS FARES : A-D-M (M IS EY CABIN)
2. PR CLASS FARE : D-A-M (A PERMIT WITHIN US WHEN D IS NOT AVAIL)
3. EY NORMAL FARES WITHIN/BETWEEN US/CA : Q-N-S-M
4. EY SPCL/PROM FARES WITHIN/BETWEEN US/CA : Q-N-S
```

⑤ 상기 조건을 모두 충족하는 경우 출발지에서 목적지까지의 운임을 그대로 적용한다.

적용운임	MLXEKA
구간별 적용 항공사	LAX – CHI (VX/AA/AS/DL)
항공사별 적용 CLASS	AA (Q/N/S) AS (G/T/V/K/Q/L) DL (V/T/K) VX (N/S/L/I/M/U)

사례 ②

• 구간 : SEL – CHI - NYC - SEL
                     KE   KE

• 조건 : 3월 1일 출발 3개월 체류예정

① KE 이원 한 구간에서 운임마디를 나눈다. (KE 구간 + 1구간)

```
SEL
 CHI
 NYC    ─── 운임마디 지점
 SEL
```

② 출발지에서 운임마디지점까지의 운임을 확인한다.

FQDSELNYC/AKE/D01MAR/IL,X,H/R,NUC

```
FQDSELNYC/AKE/D01MAR/IL,X,H/R,NUC
ROE 1098.739 UP TO 100.00 KRW
01MAR17**01MAR17/KE SELNYC/NSP;PA/TPM  6865/MPM  8238
LN FARE BASIS    OW   NUC RT   B PEN   DATES/DAYS     AP MIN MAX R
01 ELXEKA             841.87 E  +       -     12345+  + -  12M R
                                      S27JAN 31MAR
02 ELXEKA1            887.38 E  +       -     12345+  + -  12M R
                                      S27JAN 31MAR
03 HLXEKA             901.03 H  +       -     12345+  - -  12M R
                                      S27JAN 31MAR
04 ELWEKA             910.13 E  +       -        67+  + -  12M R
                                      S27JAN 31MAR
05 SLXEKA             928.33 S  +       -     12345+  - -  12M R
                                      S27JAN 31MAR
06 HLXEKA1            946.53 H  +       -     12345+  - -  12M R
                                      S27JAN 31MAR
07 ELWEKA1            955.64 E  +       -        67+  + -  12M R
                                      S27JAN 31MAR
08 MLXEKA             956.55 M  +       -     12345+  - -  12M R
                                      S27JAN 31MAR
```

③ 해당 운임의 Route Map을 확인한다.

FQR2

```
ADDON          SPECIFIED  KE7005  ADDON          EFF14SEP16
** PLZ DBL CHECK VIA SYSTEM PRICING IF DL MKTG INCLUDED **
  1 * SEL-NYC
  2 * SEL-HOU/SEA/LAS/CHI/SFO/WAS/LAX-B6-NYC
  3 * SEL-DFW/LAS/LAX/SEA/ATL/SFO/DTT/YTO-AA-NYC
  4 * SEL-LAX/SFO/LAS-VX-NYC
  5 * SEL-SEA-AS/AA-NYC
```

```
 6 * SEL-SEA/LAX-NYC
 7 * SEL-YTO-AC-NYC
 8 * SEL-WAS-AA/DL-NYC
 9 * SEL-CHI-DL/KE/AA-NYC
10 * SEL-HNL-HA/KE-NYC
11 * SEL-LAX-DL-NYC
```

☞ ROUTE MAP은 한쪽 방향으로 공시되어 있으나 반대방향으로도 적용가능하다

④ 해당 항공사의 Booking Class를 확인한다.

GGAIRKECLSB6

```
* EFF : 2014.7.1   (BASED ON TICKETING DATE)

1. J-,F-,P-,R- TYPE FARE : I/D/C/J/H/K/E/Y
               * I/D/C/J CLS IS ONLY AVAILABLE ON JFK-LAX/SFO
2. JC- C- TYPE FARE : I/D/C/H/K/E/Y
               * I/D/C CLS IS ONLY AVAILABLE ON JFK-LAX/SFO
3. D- TYPE FARE : I/D/H/K/E/Y
               * I/D CLS IS ONLY AVAILABLE ON JFK-LAX/SFO
4. I- TYPE FARE : I/H/K/E/Y * I CLS IS ONL AVAILABLE ON JFK-LAX/SFO
                                                        (MD)
5. Y-, YEE- TYPE FARE : P/S/U/O/Z/M/W/R/V
6. E-, H-, S-, M-, B- TYPE FARE : P/S/U/O/Z/M/W
7. Q-, U-, L-, K- TYPE FARE : P/S/U/O
8. ECONOMY FARE EXCEPT ABOVE : P
                  -- END OF PAGE --
```

⑤ 상기 조건을 모두 충족하는 경우 출발지에서 목적지까지의 운임을 그대로
적용 한다.

적용운임	ELXEKA1 + ELXEKA
구간별 적용 항공사	CHI – NYC
항공사별 적용 CLASS	AA (Q/N/S/G/V) DL (V/X/T) B6 (P/S/U/O/Z/M/W)

연습문제

01 다음 여정을 적용 가능한 가장 저렴한 운임으로 계산 후 해당 금액을 KRW
로 기재하시오.

조건 : KE FARE, 8월 15일 출발, 3개월체류(최대체류기간) , 예약완료 3일
   이내 발권(사전발권 AP—Advance Purchase) KE 이외 구간에 대해
   서는 운임에 알맞은 항공사로 임의 지정

SEL
HKG KE
SGN —
HAN
SEL KE

02 다음 여정을 적용 가능한 가장 저렴한 운임으로 계산 후 해당 금액을 KRW
로 기재하시오.

조건 : KE FARE, 9월 1일 출발, 1개월체류, 예약완료 7일 이내 발권
   KE 이외 구간에 대해서는 운임에 알맞은 항공사로 임의 지정

SEL
KUL KE
DAC —
BKK
SEL KE

03 다음 여정을 적용 가능한 가장 저렴한 운임으로 계산 후 해당 금액을 KRW
로 기재하시오.

조건 : KE FARE 8월 15일 출발 3개월 체류 예약완료 후 3일이내 발권
 KE 이외 구간에 대해서는 운임에 알맞은 항공사로 임의 지정

SEL
LON KE
OSL —
MOW
SEL KE

05 다음 여정을 적용 가능한 가장 저렴한 운임으로 계산 후 해당 금액을 KRW
로 기재하시오.

조건 : KE FARE, 3월1일 출발, 1개월 체류, 예약완료 수 즉시 발권
 KE 이외 구간은 적용 가능한 항공사로 임의 지정

SEL
SIN KE
CMB —
KUL
SEL KE

CHAPTER 04 자동운임 계산

01 ✈ 개요

- PNR없이 주어진 여정 조건을 이용하여 항공운임 및 적용된 TAX 금액까지를 함께 계산하여주는 역할을 한다.
- 해당 여정의 적용 가능한 Fare를 보여줄 수 있는 계산(Pricing) 방법이다.

1. 조회 절차

1) 기본 지시어

- 조회하고자 하는 여정의 도시코드를 차례대로 입력한다.
- 각 도시의 정확한 TAX를 조회하고자 할 경우 도시코트가 아닌 공항코드로 지정하면 적용 TAX가 올바르게 반영되어 나온다.

FQPSELHKG-BKK-SEL-

① FQP : 자동운임계산지시어

② SELHKG-BKK-SEL- : 출발지 SEL을 제외한 모든 STOPOVER 지점에 '-'을 표시한다.

* 출도착 도시가 동일할 경우 도착도시 다음 '-'을 제외할 수 있다. 본 교과에서는
생략하지 않고 '-'을 표시하기로 한다

```
  * FARE BASIS *  DISC   *  PTC    * FARE<KRW> * MSG  *T
01  F         *         *  1      *  2538300  *RB   *Y
02  C         *         *  1      *  2338000  *RB   *Y
03  Y         *         *  1      *  1511700  *RB   *Y
04  YLEE1M    *         *  1      *  1161400  *RB   *Y
05  YLPX15    *         *  1      *   995700  *RB   *Y
*5*RESTRICTIONS MAY APPLY/CHECK FQN
*4-5*NO HIP CHECK HKGBKK
```

☞ 가장 높은 운임부터 낮은 운임 순으로 조회된다.

2) 선택운임의 추가 세부 조회

• 조회하고자 하는 특정 운임의 번호를 지정하여 추가 조회를 진행하면 운임의
계산 내역 및 TAX를 정확하게 확인할 수 있다.

FQH3

① FQH : 적용운임의 세부조회 지시어

② 3 : 적용운임 Line 번호

```
 FCP   AL  BK TPM   MPM   EMA  EMS R GI CC  NVB  NVA    BG
 SEL
 HKG   YY  Y
 BKK   YY  Y  2344  2743           M EH YY
                            HIP:   HKGBKK
 FARE BASIS:Y              AMOUNT IN NUC:         667.91
  SEL  YY  Y  2286  2743           M EH YY
 FARE BASIS:Y              AMOUNT IN NUC:         626.90
```

```
    Q:    HKGBKK                                           5.80

    TOTAL FARE CALCULATION:                          1300.61
    ROE: 1098.739000                    FARE KRW:    1429100
    TAX: BPDP           28000    HKAE          17100
         G3RE           12800    E7AD           1200
         E7AP            1200    TSLA          22300
     >                                          PAGE  2/ 3
```

3) 추가 선택 지시어

요청 내용	선택지시어	위치
특정항공사 지정	/AKE	해당도시 사이
전구간 같은 항공사지정	/OAF	지시어의 마지막
특정날짜 지정	/D01JAN	해당도시 사이
BOOKING CODE 지정	/CF	해당도시 사이
운임마디 지점 지정	/B	해당도시 앞
방향지표(GI)지정	/VTS	해당도시 사이
할인운임 CODE지정	/RCH	지시어의 마지막
STOPOVER 지점 지정	–	해당도시 뒤
비항공운송구간 지정	––	해당도시 사이

4) 할인 코드

내용	할인 코드	승객타임
INFANT (유아)	IN	INF
CHILD (소아)	CH	CHD
ADULT (성인)	–	ADT
SEAMAN (선원)	SC	SEA
GROUP INCLUSIVE TOUR	GV	GIT
TOUR CONDUCTOR	CG	TUR

5) 자동운임 계산 복수 지시어

FQPICN/D01AUG/AKE/CF/VEHCAI---CDG-/D10AUG/AAF/CY/VTSICN-/RCH

① FQP : 자동운임 조회지시어

② ICN : 출발공항코드

③ /D01AUG : 출발일 01AUG

④ /AKE : 특정항공사지정(KE)

⑤ /CF : 특정 Class 지정(F)

⑥ /VEH : 특정 방향지표 지정 (EH)

⑦ CAI- : 중간지점공항코드(STOPOVER지점)

⑧ -- : 비항공운송 구간 표시

⑨ CDG- : 중간지점공항코드(STOPOVER지점)

⑩ /D10AUG : 출발일 10AUG

⑪ /AAF : 특정항공사지정 (AF)

⑫ /CY : 특정 Class 지정 (Y)

⑬ /VTS : 특정 방향지표 지정 (EH)

⑭ ICN- : 도착공항코드(STOPOVER지점 생략가능)

⑮ /RCH : 전체여정의 운임을 소아운임으로 지정

☞ 도시와 도시사이의 추가선택 입력 시 "/"를 이용하여 구분하고 있다.

시례를 통한 자동운임 계산 적용 지시어

 사 례 ①

- 조건 : YY Fare, Y Normal Fare (BAH X THR : 비항공운송구간) 오늘 출발

```
      SEL
   X/BKK
      BAH
       X
     THR
     IST
   _____

```

① 자동운임 계산 지시어 입력

```
FQPSELBKKBAH---THR-IST-
```

☞ 여정 중에 X Mark가 있는 도시가 존재할 경우 X Mark가 아닌 도시 다음에 '-'
을 넣어 Stopover 도시임을 나타낸다.

* FARE BASIS	* DISC	* PTC	* FARE(KRW)	* MSG	*T
01 F+FIF	*	* 1	* 10579600	* RB	*Y
02 F+FIF	*	* 1	* 7303900	*RB	*Y
03 FIF	*	* 1	* 6441000	*RB	*Y
04 C+CIF	*	* 1	* 6075700	*RB	*Y
05 C+CIF	*	* 1	* 4494800	*RB	*Y
06 CIF	*	* 1	* 4345200	*RB	*Y
07 Y+YIF	*	* 1	* 4118700	*RB	*Y
08 Y+YIF	*	* 1	* 2701700	*RB	*Y
09 YIF	*	* 1	* 2248200	*RB	*Y

② 해당운임 내역 조회 지시어 입력

```
FQH9
```

```
   FCP  AL  BK TPM   MPM   EMA  EMS R GI CC  NVB  NVA    BG
   SEL
 X BKK  YY  Y
   BAH  YY  Y
 //THR                (//는 전체여정을 하나의 운임마디로 계산함을 나타낸다)
   IST  YY  Y  7526  7207       5M  M EH YY
   FARE BASIS : YIF          AMOUNT IN NUC:      1960.69

   TOTAL FARE CALCULATION:              1960.69
   ROE: 1120.150000              FARE KRW:    2196300
   TAX: BPDP        28000   IRAE        23900
   TOTAL:                        2248200
```

③ Y Normal Fare

```
   NUC 1960.69
```

 사례 2

• 조건 : YY Fare, Y Normal Fare, 오늘 출발

```
   SEL
   BKK
   CGK –
   SIN
   SEL
   ––––––
```

자 동 운 임 계 산

① 자동운임 계산 지시어 입력

FQPSELBKK-/BCGK-SIN-SEL-

```
  * FARE BASIS *  DISC    *  PTC      * FARE<KRW>  * MSG  *T
01 F            *         * 1         *   3094300  *RB    *Y
02 C            *         * 1         *   2594500  *RB    *Y
03 Y+YIF        *         * 1         *   2570600  *RB    *Y
04 Y            *         * 1         *   1881800  *RB    *Y
05 YLEE1M       *         * 1         *   1434300  *RB    *Y
06 YLPX15       *         * 1         *   1270800  *RB    *Y
*6*RESTRICTIONS MAY APPLY/CHECK FQN
>                                                 PAGE  1/ 1
```

② 해당운임 내역 조회 지시어 입력

FQH4

```
  FCP  AL  BK TPM    MPM    EMA  EMS R GI CC  NVB  NVA    BG
  SEL
  BKK  YY  Y
  JKT  YY  Y  3730   3937              M EH YY
                            HIP:   BKKJKT
  FARE BASIS:Y              AMOUNT IN NUC:        838.25
  SIN  YY  Y
  SEL  YY  Y  3440   3937              M EH YY
  FARE BASIS:Y              AMOUNT IN NUC:        785.08

  TOTAL FARE CALCULATION:                        1623.33
  ROE: 1098.739000                 FARE KRW:     1783700
  TAX: BPDP         28000    E7AD          1200
       E7AP          1200    TSLA         22400
       D5CB         17400    OOSE          6600
       OPAE          5000    SGAD         16300
  TOTAL:                                         1881800
> _                                        PAGE  2/ 2
```

③ Y Normal Fare

NUC 1623.33

사례 ③

- 조건 : YY Fare, Y Normal Fare, 오늘 출발

```
SEL
CAI
  X
PAR -
SEL
-------
```

FQPSELCAI---/BPAR-SEL-

사례 ④

- 조건 : YY Fare, Y Normal Fare, 오늘 출발

```
  SEL
X/KUL
  MAA -
  BOM
  SEL
-------
```

FQPSELKUL/BMAA-BOM-SEL-

• 조건 : YY Fare, Y Normal Fare, 오늘 출발

```
     SEL
   X/SIN
     JED −
   X/BKK
   X/HKG
     SEL
  ───────
```

FQPSELSIN/BJED−BKKHKGSEL−

• 조건 : YY Fare, Y Normal Fare, 오늘 출발

```
     SEL
   X/BKK
     SIN
      X
     KUL
     DPS −
  ───────
```

FQPSELBKKSIN−−−KUL−DPS−

자 동 운 임 계 산

• 조건 : YY Fare, Y Normal Fare, 오늘 출발

```
SEL
BKK
PAR
LON –
–––––––
```

FQPSELBKK–PAR–LON–

• 조건 : YY Fare, Y Normal Fare, 오늘 출발

```
SEL
OSA
DPS –
SEL
–––––––
```

FQPSELOSA–/BDPS–SEL–

사례 9

- 조건 : YY Fare, Y Normal Fare, 오늘 출발

```
    SEL
    BKK
    SGN −
 X/HAN
    SEL
 ─ ─ ─ ─ ─ ─
```

FQPSELBKK−/BSGN−HANSEL−

사례 10

- 조건 : YY Fare, Y Normal Fare, 오늘 출발

```
    SEL
    BKK
    DAC −
    KTM
    BKK
    SEL
 ─ ─ ─ ─ ─ ─
```

FQPSELBKK−/BDAC−KTM−BKK−SEL−

연습문제

01 다음 여정을 주어지 조건대로 계산 후 Total NUC를 적으시오.

조건 : Y CLS , 1년 , 오늘 출발, YY FARE

SEL
BOM
MAA –
X/BKK
SEL
_____

02 다음 여정을 조건대로 계산 후 Total NUC를 적으시오.

조건 : Y CLS , 1년 , 오늘 출발 , YY Fare , BAH X THR 비항공운송구간

SEL
X/BKK
BAH
X
THR
IST
_____

03 다음 여정을 조건대로 계산 후 Total NUC 및 HIP 구간을 적으시오.

조건 : Y CLS , 1년 , 오늘 출발 , YY Fare

SEL

TYO

SIN —

BKK

SEL

―――――

04 다음 여정을 조건대로 계산 후 Total NUC 및 HIP 구간을 적으시오.

조건 : Y CLS , 1년 , 오늘 출발 , YY Fare

SEL

TYO

SYD

―――――

05 다음 여정을 계산 후 CTM 구간과 CTM 상향징수 NUC만 적으시오.

SEL
SYD
BNE –
SEL
──────

CHAPTER 05

항공운임의 적용

1. 항공운임의 분류

국제선 항공 운임은 승객이 여행하는 기간, 여행의 조건 등에 따라 정상운임(Normal Fare)과 특별운임(Special Fare)으로 구분되며, 승객의 나이나 신분으로 할인이 제공되는 할인운임(Discounted Fare)으로 구분된다.

1) 정상운임(Normal Fare)

- 예약변경, 여정변경, 항공사변경, 도중체류 횟수 등에 원칙적으로 제한이 없는 운임이다.
- 편도 운임과 왕복운임을 여정의 형태에 맞게 사용하도록 설정되어 있다.
- 항공권의 유효기간이 보통 여행개시일 혹은 여행을 개시하지 않았을 경우 발행일로부터 1년이다.
- 사용되는 운임코드(Fare Basis)에는 F, C, Y, Y2, YO2 등이 있다.

2) 특별/판촉운임(Special Fare/Promotional Fare)

- 승객의 다양한 여행형태에 부합하여 개발된 운임이다.
- 승객의 여행기간, 여행조건 등에 일정한 제한이 있는 운임을 말한다.
- 승객의 여행기간의 종류에 따라 6개월, 3개월, 1개월 혹은 15일 등 다양하게 책정되어 있다.
- 여러 종류의 판촉운임이 각 구간별로 공시되어 있으며 판매되는 대부분의 항공권에 판촉운임이 적용되고 있다.
- 여행기간에 대하여 최소(MIN)/최대(MAX) 기간에 대한 제한이 있다.
- 여행조건에 대하여 도중체류 횟수, 사전구입조건, 예약 및 여정변경 가능여부에 대한 제한이 있다.
- 특별운임은 왕복운임을 기준으로 설정되어 있다.
- 사용되는 운임코드(Fare Basis)에는 YLEE1M, YHAP6M, YLPX15 등이 있다.

3) 할인운임(Discounted Fare)

- 승객의 나이나 신분에 따라 할인이 제공되는 운임이다.
- 승객의 여행조건에 따라 기준이 되는 운임은 정상운임 또는 특별운임에 할인이 적용되는 운임이다.
- 할인여부는 성인운임을 기준으로 노선에 따라 조금씩 다를 수 있다.
- 사용되는 운임코드(Fare Basis)는 YRT/CH25, YLEE1M/IN90, YGV10/CG00 등이 있다.

(1) 유아운임(Infant Fare : IN)

- 적용대상 : 최초 여행일 기준 만 14일 이상 만 2세 미만의 좌석을 차지하지 않는 승객
- 운임수준 : 성인운임의 10% 적용

- 국내선의 경우 국가마다 규정이 다르므로 확인이 필요하다
- 성인 동반자 1명에 단 1명의 유아 할인이 가능하다.
- 2명이상의 유아인 경우 1명은 유아운임이며 나머지 1명에 대해서는 소아운임을 적용한다.
- 한국/미국/캐나다 국내선 구간의 유아운임은 무료이다.
- 무료 수하물 허용량 : Weight System (없음)

  Piece System (115cm 이하의 접을 수 있는 유모차 1개 허용)
- 발행 항공권 상에 반드시 생년월일과 동반 보호자의 항공권 번호를 기재한다.

(2) 소아운임(Child Fare : CH)

- 적용대상 : 최초 여행일 기준 만2세 이상 만12세 미만으로 성인보호자가 동반하는 승객
- 한국 출발 운임 수준 : 적용 가능한 성인운임의 75% 적용
- 무료 수하물 허용량 : 성인과 동일
- 발행 항공권 상에 생년월일과 동반 보호자의 항공권 번호를 기재한다.

(3) 비동반 소아운임(Unaccompanied Minor : UM)

- 적용대상 : 최초 여행일 기준 만5세 이상 만12세 미만 승객으로 성인 보호자 없이 혼자 여행하는 승객
- 운임수준 : 적용 가능한 성인운임 100%
- 무료수하물 허용량 : 성인과 동일
- 구비서류 : 운송 신청서 및 서약서
- 유의사항 : 사전예약 필요, 지상 보호자 확인, 특수예약과의 사전 승인 필요 확약된 예약필요
- UM의 나이/성별/국적/출도착지/보호자 연락처 등을 정확히 입력한다.

(4) 학생운임(Student Fare : SD)

- 적용대상 : 최초 여행일 기준 만12세 이상 만26세 미만으로 정규기관의 6개월 이상 교육 과정에 등록된 학생(단, 항공사별 규정 확인 필요)
- 적용기간 : 학업시작 6개월 전부터 학업 종료 후 3개월까지
- 운임수준 : 성인정상운임의 75%(Y Class에만 해당)
- 도중체류 : 불가
- 구비서류 : 입학 허가서 사본 / 재학 중명서 원본 / 학생증 및 여권 사본
- 미국 / 캐나다 행 학생운임은 별도의 나이 제한 규정이 없으며 1회의 도중체류가 가능하다.

(5) 단체 인솔자 할인(Tour Conductor : CG)

- 적용대상 : 10명 이상의 단체 승객을 인솔하는 승객
- 단체 구성원 중 소아 2명은 어른 1명으로 간주한다.
- 일부 단체운임은 항공사 자체 규정에 의해 할인율 및 할인 수혜 인원이 결정된다.

단체 구성원 수	할인 수혜 인원	할인 수준
10~14명	1명	단체운임의 50% 할인
15~24명	1명	단체운임의 100% 할인
25~29명	2명	1명100% 할인, 1명50% 할인

(6) 여행사 직원 할인 운임(Agent Discount : AD)

- 적용대상 : 항공사와 대리점 계약을 체결한 대리점 직원 및 그 배우자
- 운임수준 : 본인 25%, 배우자 50%
- 유효기간 : 항공권 발행일로부터 3개월이며, 첫 번째 구간은 해당 연말까지 사용 완료

항공운임의 **적용**

• 구비서류 : 대리점의 사용 신청서, 항공사의 승인서, 각 항공사의 동의서

(7) 선원운임(Ship's Crew Discount Fare : SC)

• 적용대상 : 조업과 관련해 여행하는 선원의 YOW 여정
• 운임수준 : 성인정상운임의 75%(관련 선박회사에서 지불)
• 도중체류 : 불가
• 무료수하물 허용량 : First Class 수준
• 구비서류 : Seaman Certificate, Seaman Book, 선원 고용 계약서

(8) 할인운임 표시(Discounted Designator)

• 나이나 신분에 따른 할인율 적용여부를 알려주는 코드로 소아나 유아, 학생 등
  일 경우 기준이 되는 운임코드 뒤에 할인율을 표시하도록 되어 있다.

SD25	학생 25% 할인(기준: 성인운임)
CH25	소아 25% 할인(기준: 성인운임)
IN90	유아 90% 할인(기준: 성인운임)
CG00	단체 인솔자 100% 할인(기준: 성인단체 운임)

운임코드(Fare Basis) **구성 요소의 이해**

① Prime Code(Mandatory) : 가장 일반적인 운임의 종류를 나타내며, 승객이 이용하
  는 탑승 등급을 말한다.

F	일등석(First Class)
C	비즈니스 석(Business Class)
Y	보통석(Economy Class)

② Season Code^(Conditional) : 운임의 사용시기^(적용시기)를 말한다.

H	성수기(High/Peak Season)
K	준성수기(Shoulder Season)
L	비수기(Low/Basic Season)

③ Part Of Week^(Conditional) : 주중/주말을 구분한다.

| W | 주말(Weekend) |
| X | 주중(Weekday) |

④ Fare Type Code^(Conditional) : 중심이 되는 운임 규정에 대한 내용을 담고 있다.

EX(EE)	왕복 (Excursion)
PX	판촉 왕복 (Promotional Excursion)
AP	사전 구입 (Advance Purchase)
GV	포괄 단체 (Group Inclusive)
OW	편도 (One Way)
RT	왕복 (Round Trip)

⑤ Discount Designator : 나이나 신분에 따른 할인율 적용여부를 알려주는 코드
　　　　　　　　　　　　이다.

SD25	학생 25% 할인(Y/SD25)
IN90	유아 90% 할인(F/IN90 , C/IN90 , Y/IN90 , YLEE1M/IN90등)
CH25	소아 25% 할인(F/CH25 ,C/CH25 ,Y/CH25 , YLEE1M/CH25등)
CG00	단체인솔자 100% 할인(YGV10/CG00)

연습문제

01 다음 내용을 읽고 맞으면 O 틀리면 X 하시오.

1) CHILD의 연령은 항공권 발행일 기준 만 2세 이상 만 12세 미만이다.

2) 학생 및 선원운임은 어떠한 경우에도 Y CLS에만 적용 가능하다.

3) MSTO(미주학생) 운임을 적용받을 수 있는 연령은 만 12세이상 만 26세 미만이다.

4) AD 항공권의 유효기간은 출발일로부터 3개월이다.

5) 단체 할인 수혜 인원은 10명에 1명의 수혜 인원이 주어진다.

6) 비동반 소아 운송은 만5세 이상부터 가능하다.

7) CHILD의 무료수하물 허용량은 성인과 동일하다.

8) 선원 할인운임(SC)은 왕복여정인 경우에도 적용 가능하다.

9) 미주행 학생운임은 별도의 나이 제한 규정이 없다.

10) 단체운임에서 2명의 소아는 1명의 성인으로 간주한다.

02 MPX1M으로 발권한 승객이 3월 28일 출발하였다면 항공권의 유효기간은 언제인가?

03 IATA Normal Fare 적용 항공권의 유효기간에 대하여 설명하시오.

04 Y, YOW, YRT, YO2, YX2, YIF는 IATA Normal Fare이고, YLEE3M, YPX3M 은 무엇인가?

05 다음의 운임 종류코드(Fare Basis)를 항목별로 설명하시오.

1) YLPX15

2) C/IN90

3) YGV10/CG00

4) YLEE1M

5) Y/SD25

항공권 발행

CHAPTER

06

01 PNR 자동 운임계산

- PNR이 있는 경우 PNR을 이용하여 운임계산을 진행하는 기능이다.

1. PNR 작성 및 자동운임계산(PNR Pricing-FXP)

PNR상에 작성되어 있는 승객의 종류와 Booking Class, 항공사 정보들을 고려하여 운임계산을 진행하는 것이다.

- PNR 작성의 필수 입력사항인 여정, 이름, 연락처를 입력한 후 PNR 저장 작업을 진행한다.

승객 :	성인 1명	
여정 :	SEL – SIN – SEL	
항공사 :	KE	KE
일자 :	11/1	11/20

1) Booking Class 선택을 위한 공시운임조회

> **FQDSELSIN/D01NOV/AKE/IL,X**

```
FQDSELSIN/D01NOV/AKE/IL,X
MORE FARES AVAIL IN USD
ROE 1098.739 UP TO 100.00 KRW
01NOV16**01NOV16/KE SELSIN/NSP;EH/TPM  2883/MPM  3459
LN FARE BASIS    OW   KRW  RT  B PEN  DATES/DAYS   AP MIN MAX R
01 EKEKS             690000  E  +  S29OCT  15DEC  + -   6M R
02 HKEKS             790000  H  +  S29OCT  15DEC  - -   6M R
03 MKEKS             890000  M  +  S29OCT  15DEC  - -  12M R
04 MKEKS1            921600  M  +  S29OCT  15DEC  - -  12M M
05 MKOWKS    530000          M  +  S29OCT  15DEC  - -   - R
06 MSDRTKE          1134500  M  +   -    -    + - -  12M R
07 BKEKS            1150000  B  +  S29OCT  15DEC  - -  12M R
08 BKEKS1           1152800  B  +  S29OCT  15DEC  - -  12M M
09 MSOWSC    624000          M  +   -    -    + - -   - M
10 MSDOWKE   624000          M  +   -    -    + - -   - R
11 BKOWKS    630000          B  +  S29OCT  15DEC  - -   - R
12 YKRTKE           1400000 Y     +  S29OCT  15DEC  - -   - R
```

☞ 위의 여정에서 체류기간이 20일인 경우 사용 가능한 운임은 "EKEKS"이며, 해당
운임의 Booking Class는 "E"이다

2) 여정의 작성

```
AN01NOVSELSIN/AKE/CE
SS1E1
AN20NOVSINSEL/AKE/CE
SS1E1
```

```
AN01NOVSELSIN/AKE/CE
** AMADEUS AVAILABILITY - AN ** SIN SINGAPORE.SG            17 TU 01NOV 0000
  1   KE 643  E9                    /ICN   SIN 2  1420    1955  E0/77W       6:35
  2   KE 641  E9                    /ICN   SIN 2  1835    0010+1E0/77W       6:35
> SS1E1

RP/SELK1394Z/
  1  KE 643 E 01NOV 2 ICNSIN DK1  1420 1955  01NOV  E  0 77W LR
     SEE RTSVC
```

```
AN20NOVSINSEL/AKE/CE
** AMADEUS AVAILABILITY - AN ** SEL SEOUL.KR               36 SU 20NOV 0000
  1   KE 642  E9                    /SIN 2 ICN    0130    0840  E0/77W       6:10
  2   KE 648  E9                    /SIN 2 ICN    1100    1825  E0/333       6:25
  3   KE 644  E9                    /SIN 2 ICN    2230    0540+1E0/77W       6:10
> SS1E1

RP/SELK1394Z/
  1  KE 643 E 01NOV 2 ICNSIN DK1  1420 1955  01NOV  E  0 77W LR
     SEE RTSVC
  2  KE 642 E 20NOV 7 SINICN DK1  0130 0840  20NOV  E  0 77W B
     SEE RTSVC
```

3) 이름

```
NM1JUNG/TOPAS MR
```

4) 연락처

```
AP
APM-010-123-3000 TOPAS TRVL MS KIM
```

5) 마무리

```
ER (두번)
```

6) 완성화면

```
--- RLR ---
RP/SELK1394Z/SELK1394Z              AA/GS   150CT16/0404Z    5TDX9I
0123-3026
 1.JUNG/TOPAS MR
 2  KE 643 E 01NOV 2 ICNSIN HK1  1420 1955   01NOV   E  KE/5TDX9I
 3  KE 642 E 20NOV 7 SINICN HK1  0130 0840   20NOV   E  KE/5TDX9I
 4 AP SEL 1566-0014 - TOPAS TRAINING UNIVERSITY - A
 5 APM 010-123-3000 TOPAS TRVL MS KIM
 6 TK OK150CT/SELK1394Z
 7 OPW SELK1394Z-190CT:1900/1C7/KE REQUIRES TICKET ON OR BEFORE
       200CT:1900/S2-3
 8 OPC SELK1394Z-200CT:1900/1C8/KE CANCELLATION DUE TO NO
       TICKET/S2-3
*TRN*
```

7) PNR 자동운임계산

```
FXP
```

```
01 JUNG/TOPAS*

LAST TKT DTE 180CT16/23:59 LT in POS - SEE ADV PURCHASE
-----------------------------------------------------------------
      AL FLGT  BK   DATE  TIME  FARE BASIS     NVB  NVA   BG
 SEL
 SIN KE   643 E   01NOV 1420  EKEKS               01MAY 1P
 SEL KE   642 E   20NOV 0130  EKEKS               01MAY 1P

KRW    690000     01NOV16SEL KE SIN313.99KE SEL313.99NUC
                  627.98END ROE1098.739000
KRW     28000BP   XT KRW 5000OP KRW 16300SG
KRW     660000
KRW     21300XT
KRW    745900
BAG/OTHER SERVICES AT A CHARGE MAY BE AVAILABLE-ENTER FXK
TICKET STOCK RESTRICTION
BG CXR: KE/KE
>                                      PAGE  2/ 3
*TRN*
```

ER (두번 저장)	후에	TQN (운임저장내역 조회)

```
>  TQN                                              웹버시온 4505

TST00001      SELK1394Z AA/15OCT I 0 LD 18OCT16 2359   OD SELSEL
T-
FXP
    1.JUNG/TOPAS MR
 1   ICN KE  643 E 01NOV 1420  OK EKEKS              01MAY 1PC
 2 O SIN KE  642 E 20NOV 0130  OK EKEKS              01MAY 1PC
     ICN
FARE  F KRW      690000
TX001 X KRW      28000-BPDP TX002 X KRW     6600-OOSE TX003 X KRW    5000-OPAE
TX004 X KRW      16300-SGAD
TOTAL    KRW      745900
GRAND TOTAL KRW      745900
SEL KE SIN313.99KE SEL313.99NUC627.98END ROE1098.739000

 9.FE NONENDS. RISS CHRG APPLY-KRW70000. RFND PNTY APPLY-KRW100
000. NO MILE UG.
 10.FV KE
*TRN*
```

사 례 **2**

승객 : 성인 1명
여정 : SEL – BKK – SEL
항공사 : OZ   OZ
일자 :   12/1   12/29

1) Booking Class 확인

FQDSELBKK/D01DEC/AOZ/IL,X

```
FQDSELBKK/D01DEC/AOZ/IL,X
ROE 1098.739 UP TO 100.00 KRW
01DEC16**01DEC16/OZ SELBKK/NSP;EH/TPM  2286/MPM  2743
LN FARE BASIS      OW    KRW  RT  B PEN   DATES/DAYS    AP MIN MAX R
01 VKAKS14              525000 V  +  S29OCT  15DEC+14  -   -   - R
02 VKKS                 545000 V  +  S29OCT  15DEC+  -   -   - R
03 SKKS                 565000 S  +  S29OCT  15DEC+  -   -   - R
04 KKKS                 595000 K  +  S29OCT  15DEC+  -   -   - R
05 QKKS                 625000 Q  +  S29OCT  15DEC+  -   -   - R
06 EKKS                 650000 E  +  S29OCT  15DEC+  -   -   - R
07 KKOKS         350000        K  +  S29OCT  15DEC+  -   -   - R
08 HKKS                 740000 H  +  S29OCT  15DEC+  -   -   - R
09 QKOKS         380000        Q  +  S29OCT  15DEC+  -   -   - R
10 EKOKS         400000        E  +  S29OCT  15DEC+  -   -   - R
11 MKKS           840000       M  +  S29OCT  15DEC+  -   -   - R
12 MKKSTG         840000       M  +  S29OCT  15DEC+  -   -   - R
13 HKOKS         450000        H  +  S29OCT  15DEC+  -   -   - R
14 BKKS           990000       B  +  S29OCT  15DEC+  -   -   - M
```

☞ 주어진 여정 조건으로 사용할 수 있는 가장 저렴한 운임으로 "VKAKS14"을 선택할 수 있고 Booking Class는 "V"로 진행하는 것으로 결정한다.

2) PNR 작성 및 조회

```
AN01DECSELBKK/AOZ/CV
SS2V1
AN29DECBKKSEL/AOZ/CV
SS2V1
NM1JUNG/KOREA MS
AP
APM-010-123-3000 TOPAS
ER
ER
```

```
--- RLR ---
RP/SELK1394Z/SELK1394Z              AA/GS    15OCT16/0734Z    5TDZHU
0123-3028
  1.JUNG/KOREA MS
  2  OZ 741 V 01DEC 4 ICNBKK HK1  1820 2210  01DEC  E  OZ/5TDZHU
  3  OZ 742 V 29DEC 4 BKKICN HK1  2340 0650  30DEC  E  OZ/5TDZHU
  4 AP SEL 1566-0014 - TOPAS TRAINING UNIVERSITY - A
  5 APM 010-123-3000 TOPAS
  6 TK OK15OCT/SELK1394Z
  7 OPW SELK1394Z-17OCT:1700/1C7/OZ REQUIRES TICKET ON OR BEFORE
       18OCT:1700/S2-3
  8 OPC SELK1394Z-18OCT:1700/1C8/OZ CANCELLATION DUE TO NO
       TICKET/S2-3
*TRN*
```

3) 자동운임 계산

FXP

```
 * FARE BASIS *  DISC    *  PSGR     * FARE<KRW>  * MSG   *T
01 YRT          *        * P1        *    1430400 *       *Y
02 VKAKS14      *        * P1        *     577800 *       *Y
 >                                                PAGE  1/ 1
```

☞ 적용하고자하는 2번째 운임을 선택한다.

FXT2

```
 01 JUNG/KOREA*

 LAST TKT DTE 17NOV16/23:59 LT in POS - SEE ADV PURCHASE
 ------------------------------------------------------------
          AL FLGT BK   DATE  TIME  FARE BASIS     NVB  NVA   BG
  SEL
  BKK OZ   741 V    01DEC 1820  VKAKS14                     1P
  SEL OZ   742 V    29DEC 2340  VKAKS14                     1P

  KRW    525000     01DEC16SEL OZ BKK238.91OZ SEL238.91NUC
                    477.82END ROE1098.739000
  KRW     28000BP   XT KRW 1200E7 KRW 22400TS
  KRW      1200E7
```

```
KRW      23600XT
KRW     577800
NO CHARGEABLE ANCILLARY SERVICE
BG CXR: OZ/OZ
PRICED VC HR - OTHER VC AVAILABLE OZ
>                                              PAGE  2/ 3
```

ER (두번 저장)	후	TQN (운임계산 내역 조회)

```
> TQN                                              칵남빼

TST00001      SELK1394Z AA/15OCT I 0 LD 17NOV16 2359   OD SELSEL
T-
FXP
   1.JUNG/KOREA MS
 1   ICN OZ  741 V 01DEC 1820  OK VKAKS14                  1PC
 2 O BKK OZ  742 V 29DEC 2340  OK VKAKS14                  1PC
     ICN
FARE  F KRW     525000
TX001 X KRW     28000-BPDP TX002 X KRW     1200-E7AD TX003 X KRW     1200-E7AP
TX004 X KRW     22400-TSLA
TOTAL    KRW     577800
GRAND TOTAL KRW     577800
SEL OZ BKK238.91OZ SEL238.91NUC477.82END ROE1098.739000

 9.FE MILE UG J/C/D/Y/B/M ONLY NONENDS
 10.FV HR
*TRN*
```

사례 3 복수유형의 승객 자동운임 계산

> 승객 : 성인 1명, 소아 1명(남아, 2010년 1월 1일생)
>
> 여정 : SEL – HKG – SEL
>
> 항공사 : KE   KE
>
> 일자 :   11/1   11/20

1) Booking Class 확인

```
FQDSELHKG/D01NOV/AKE/IL,X
```

```
01NOV16**01NOV16/KE SELHKG/NSP;EH/TPM 1295/MPM  1554
LN FARE BASIS    OW    KRW  RT  B PEN  DATES/DAYS    AP MIN MAX R
01 ELEKS               440000 E  +  S17SEP  30NOV+  +  -  6M  R
02 HLEKS               500000 H  +  S17SEP  30NOV   -  -  6M  R
03 MLEKS               560000 M  +  S17SEP  30NOV   -  -  12M R
04 MLEKS1              651600 M  +  S17SEP  30NOV   -  -  12M M
05 BLEKS               660000 B  +  S17SEP  30NOV   -  -  12M R
06 MLOWKS      335000         M  +  S17SEP  30NOV   -  -   -  R
07 MSDRTKE            708500 M  +   -       -       +  -  12M R
08 MSOWSC      389700         M  +   -       -       +  -   -  M
09 MSDOWKE     389700         M  +   -       -       +  -   -  M
10 BLOWKS      395000         B  +  S17SEP  30NOV   -  -   -  R
11 BLEKS1               803000 B  +  S17SEP  30NOV   -  -  12M M
```

☞ 주어진 여정에 적용 가능한 가장 저렴한 운임으로 "ELEKS"를 선택할 수 있고 Booking Class는 "E"를 선택한다.

2) PNR 작성 및 조회

```
AN01NOVSELHKG/AKE/CE
SS2E1
AN10NOVHKGSEL/AKE/CE
SS2E1
NM1HAN/KOOK MR
NM1HAN/MIN MSTR(CHD/01JAN10)
AP
APM-010-123-3000 TOPAS
SRCHML/P2
ER
ER
```

☞ KE 예약 시 소아나 유아의 경우 소아식/유아식을 신청하여야만 PNR이 완성된다.

```
--- RLR ---
RP/SELK1394Z/SELK1394Z          AA/GS   15OCT16/0802Z    5TDZNS
0123-3029
  1.HAN/KOOK MR    2.HAN/MIN MSTR(CHD/01JAN10)
  3  KE 603 E 01NOV 2 ICNHKG HK2  0825 1120  01NOV  E  KE/5TDZNS
  4  KE 608 E 10NOV 4 HKGICN HK2  0055 0520  10NOV  E  KE/5TDZNS
  5 AP SEL 1566-0014 - TOPAS TRAINING UNIVERSITY - A
  6 APM 010-123-3000 TOPAS
  7 TK OK15OCT/SELK1394Z
  8 SSR CHLD KE HK1 01JAN10/P2
  9 SSR CHML KE HN1/S3/P2
 10 SSR CHML KE HN1/S4/P2
 11 OPW SELK1394Z-19OCT:1900/1C7/KE REQUIRES TICKET ON OR BEFORE
        20OCT:1900/S3-4
 12 OPC SELK1394Z-20OCT:1900/1C8/KE CANCELLATION DUE TO NO
        TICKET/S3-4
```

3) 자동운임계산

FXP

PASSENGER	PTC	NP	FARE<KRW>	TAX/FEE	PER PSGR
01 HAN/KOOK *	ADT	1	446400	58800	505200
02 HAN/MIN M*	CH	1	336400	41200	377600
TOTALS		2	782800	100000	882800

ER(두번 저장)   후에   TQN(운임계산내역 조회)

T	P/S	NAME	TOTAL	FOP	SEGMENTS
1	.1	HAN/KOOK MR	KRW	505200	3-4
2	.2	HAN/MIN MSTR	KRW	377600	3-4

• 운임계산내역 조회

TQN/T1	1번 운임계산 내역 조회시
TQN/T2	2번 운임계산 내역 조회시

• 주요 Option

FXP/P2,3	승객2,3번 지정
FXP/S2-4	여정 2-4번 지정
FXP/INF	유아지정

2. Best Pricer^(HE FXB)

Best Pricer란 이미 예약되어 있는 여정에 대해 하위의 좌석예약이 가능한 Booking Class와 낮은 요금을 확인하여 운임산출 결과를 보여주는 최적의 운임산출 기능이다.

사례 1

```
승객 : 성인 1명
여정 : SEL - BKK - SEL
항공사 :   KE      KE
일자 :    3/1     3/10
```

1) PNR 완성 및 조회

```
--- RLR ---
RP/SELK1394Z/SELK1394Z          AA/GS   15OCT16/0841Z    5TDZVH
0123-3030
  1.JUNG/SELL MS
  2  KE 657 Y 01MAR 3 ICNBKK HK1   0900 1300  01MAR  E  KE/5TDZVH
  3  KE 660 Y 10MAR 5 BKKICN HK1   0950 1710  10MAR  E  KE/5TDZVH
```

```
 3  KE 660 Y 10MAR 5 BKKICN HK1  0950 1710  10MAR  E  KE/5TDZVH
 4 AP SEL 1566-0014 - TOPAS TRAINING UNIVERSITY - A
 5 APM 010-123-3000 TOPAS
 6 TK OK15OCT/SELK1394Z
 7 OPW SELK1394Z-28OCT:1900/1C7/KE REQUIRES TICKET ON OR BEFORE
        29OCT:1900/S2-3
 8 OPC SELK1394Z-29OCT:1900/1C8/KE CANCELLATION DUE TO NO
        TICKET/S2-3
*TRN*
```

2) 자동운임계산

> **FXB**

```
01 JUNG/SELL *
ITINERARY REBOOKED
LAST TKT DTE 18OCT16/23:59 LT in POS - SEE ADV PURCHASE
----------------------------------------------------------------
      AL FLGT  BK  DATE  TIME  FARE BASIS    NVB  NVA   BG
 SEL
 BKK KE  657 E * 01MAR 0900  EKEKS               01SEP 1P
 SEL KE  660 E * 10MAR 0950  EKEKS               01SEP 1P

 KRW    650000      01MAR17SEL KE BKK295.79KE SEL295.79NUC
                    591.58END ROE1098.739000
 KRW    28000BP     XT KRW 1200E7 KRW 22400TS
 KRW     1200E7
 KRW    23600XT
 KRW    702800
BAG/OTHER SERVICES AT A CHARGE MAY BE AVAILABLE-ENTER FXK
TICKET STOCK RESTRICTION
BG CXR: KE/KE
>                                        PAGE  2/ 3
```

☞ Booking Class "Y"보다 저렴한 예약 가능한 "E"로 예약하고 운임계산됨.

3) 운임 저장 및 조회

ER(두번)	후에	TQN (조회)

```
TST00001      SELK1394Z AA/15OCT I 0 LD 18OCT16 2359   OD SELSEL
T-
FXB
   1.JUNG/SELL MS
 1   ICN KE  657 E 01MAR 0900   OK EKEKS              01SEP 1PC
 2 O BKK KE  660 E 10MAR 0950   OK EKEKS              01SEP 1PC
     ICN
FARE  F KRW      650000
TX001 X KRW       28000-BPDP TX002 X KRW     1200-E7AD TX003 X KRW      1200-E7AP
TX004 X KRW       22400-TSLA
TOTAL   KRW      702800
GRAND TOTAL KRW     702800
SEL KE BKK295.79KE SEL295.79NUC591.58END ROE1098.739000

  9.FE NONENDS. RISS CHRG APPLY-KRW70000. RFND PNTY APPLY-KRW100
000. NO MILE UG.
  10.FV KE
```

• Best Pricer 기능요약

FXB	하위운임으로 계산(Pricing), 재 예약 및 TST 정보 생성
FXR	하위운임으로 계산(Pricing), 재 예약 및 TST 정보 미생성
FXA	하위운임으로 요금 산출
FXL	좌석 예약 가능 상태를 고려, 예약 가능한 가장 저렴한 운임 산출

☞ TST(Transitonal Stored Ticket) : Pricing and Ticketing Information 운임 저장 후 발권에 필요한 모든 정보가 담겨 있는 Field

3. Master Pricer Expert(HE FXD)

입력된 여정에 대해 예약 가능한 비행편과 운임 정보를 추천하여 주는 기능으로 여정정보만으로 혹은 PNR을 이용하여 검색이 가능하다.

• 지시어 화면에서 최대 50개까지 이용 가능하다.

- 예약가능편(Availability) 조회 후 요금 조회하는 것과 차이는 최저가부터 조회되며 예약할 수 있다
- 2 Surface 포함 6개 구간까지 검색 가능하다

1) 기본지시어

FXDICN/D24DECBKK/D30DECICN	후에	FXS1

☞ FXD : 기본 지시어

ICN/D24DECBKK : ICN에서 24DEC출발 BKK 도착

/D30DECICN : BKK에서 30DEC출발 ICN 도착

FXS1 : 1번 추천 운임선택

```
FXDICN/D24DECBKK/D30DECICN
31 GROUPS AND 50 RECOMMENDATIONS RETURNED FROM KRW 429500 TO 1627300

---------- RECOMMENDATION 1 OF 2 IN GROUP 1 (KRW 429500)----------
  PTC        CUR              TAX            FARE BASIS
1 ADT     1 KRW     429500    63100          WRHA1KR
  TOTAL   1 KRW     429500    63100


1   TG 659  W  24DEC  ICN  BKK     0935  1330  E0 773  0555
2   TG 600  W  30DEC  BKK  HKG 1   0800  1145  E0 380
    TG 628  W  30DEC  HKG 2 ICN    1530  2005  E0 330  1005
>> FXS1 TO SELECT  >> FXZ1 TO BOOK  >> FXU1 TO BOOK AND CREATE TST
1 LAST TKT DTE10DEC16 - SEE ADV PURCHASE
```

☞ 운임을 기준으로 KRW429500에서 KRW1627300까지 적용 가능한 운임과 예약가능 편 정보가 표시됨.

FXS1

```
FXS1
2 RECOMMENDATIONS IN GROUP 1(KRW 429500)

---------- RECOMMENDATION 1 OF 2 IN GROUP 1 (KRW 429500)----------
  PTC        CUR              TAX            FARE BASIS
```

```
1 ADT      1 KRW      429500      63100               WRHA1KR
  TOTAL    1 KRW      429500      63100

1   TG 659   W   24DEC   ICN   BKK      0935  1330  E0 773   0555
2   TG 600   W   30DEC   BKK   HKG 1  0800  1145  E0 380
    TG 628   W   30DEC   HKG 2 ICN    1530  2005  E0 330   1005
>> FXZ1 TO BOOK  >> FXU1 TO BOOK AND CREATE TST  >> MPFXD TO RETURN
1 LAST TKT DTE10DEC16 - SEE ADV PURCHASE

---------- RECOMMENDATION 2 OF 2 IN GROUP 1 (KRW 429500)----------
  PTC       CUR              TAX            FARE BASIS
1 ADT      1 KRW      429500      63100               WRHA1KR
  TOTAL    1 KRW      429500      63100

1   TG 657   W   24DEC   ICN   BKK      2125  0120+1 E0 330   0555
2   TG 600   W   30DEC   BKK   HKG 1  0800  1145  E0 380
    TG 628   W   30DEC   HKG 2 ICN    1530  2005  E0 330   1005
>> FXZ2 TO BOOK  >> FXU2 TO BOOK AND CREATE TST  >> MPFXD TO RETURN
)>
```

☞ 1번운임을 조회하니 KRW429500원으로 예약 가능한 비행편 조회가 2개 표시된다.
이후 예약만 원할 경우 FXZ1 혹은 FXZ2이며 예약과 동시에 TST생성까지 원할 경우
FXU1 혹은 FXU2를 이용하면 된다.

2) 최초의 화면 이동시(FXS1 이전의 화면으로 이동)

```
MPFXD
```

```
FXDICN/D24DECBKK/D30DECICN
31 GROUPS AND 50 RECOMMENDATIONS RETURNED FROM KRW 429500 TO 1627300

---------- RECOMMENDATION 1 OF 2 IN GROUP 1 (KRW 429500)----------
  PTC       CUR              TAX            FARE BASIS
1 ADT      1 KRW      429500      63100               WRHA1KR
  TOTAL    1 KRW      429500      63100

1   TG 659   W   24DEC   ICN   BKK      0935  1330  E0 773   0555
2   TG 600   W   30DEC   BKK   HKG 1  0800  1145  E0 380
    TG 628   W   30DEC   HKG 2 ICN    1530  2005  E0 330   1005
>> FXS1 TO SELECT  >> FXZ1 TO BOOK  >> FXU1 TO BOOK AND CREATE TST
1 LAST TKT DTE10DEC16 - SEE ADV PURCHASE
```

4. TST(Transitional Stored Ticket) 삭제(HE TTE)

TST를 삭제하면 최초의 TST정보는 TST History에 저장된다.

지시어	설명
TTE/ALL	모든 TST 삭제
TTE/PAX	성인+소아 TST 삭제
TTE/INF	유아 TST 삭제
TTE/T1	1번 TST 삭제
TTE/T1,3	1번과 3번 TST 삭제
TTE/P1	1번 승객 TST 삭제

참고

단계	설명
1단계	PNR(여정에 맞는 Booking Class 선택) 생성 및 조회
2단계	FXP(필요시 FXT로 운임 선택) 혹은 FXB
3단계	ER (TST 저장 및 PNR 조회)
4단계	TQN(TST 조회)

사례 1

1) TST 저장된 PNR 조회

```
--- TST RLR ---
RP/SELK1394Z/SELK1394Z            AA/GS   16OCT16/0918Z      5TD9IV
8378-9140
  1.JUNG/SIK MR
```

```
2  KE 657 E 01DEC 4 ICNBKK HK1  0900 1300  01DEC  E  KE/5TD9IV
3  KE 654 E 20DEC 2 BKKICN HK1  0055 0805  20DEC  E  KE/5TD9IV
4 AP SEL 1566-0014 - TOPAS TRAINING UNIVERSITY - A
5 APM 010-123-3000 TOPAS
6 TK OK16OCT/SELK1394Z
7 OPW SELK1394Z-18OCT:1900/1C7/KE REQUIRES TICKET ON OR BEFORE
      19OCT:1900/S2-3
8 OPC SELK1394Z-19OCT:1900/1C8/KE CANCELLATION DUE TO NO
      TICKET/S2-3
9 FE PAX NONENDS. RISS CHRG APPLY-KRW70000. RFND PNTY
      APPLY-KRW100000. NO MILE UG./S2-3
10 FV PAX KE/S2-3
```

2) TST 조회

TQN

```
> TQN

TST00001    SELK1394Z AA/16OCT I 0 LD 19OCT16 2359  OD SELSEL
T-
FXB
   1.JUNG/SIK MR
 1   ICN KE  657 E 01DEC 0900  OK EKEKS              01JUN 1PC
 2 O BKK KE  654 E 20DEC 0055  OK EKEKS              01JUN 1PC
     ICN
FARE  F KRW     650000
TX001 X KRW     28000-BPDP TX002 X KRW     1200-E7AD TX003 X KRW     1200-E7AP
TX004 X KRW     22400-TSLA
TOTAL   KRW     702800
GRAND TOTAL KRW     702800
SEL KE BKK295.79KE SEL295.79NUC591.58END ROE1098.739000

  9.FE NONENDS. RISS CHRG APPLY-KRW70000. RFND PNTY APPLY-KRW100
000. NO MILE UG.
  10.FV KE
```

☞ AA/16OCT : Sign 코드 및 TST 생성일자

0 : Automatically Priced(자동운임입력) 1 : Manual Creation (수동운임입력)

3) TST 삭제

TTE

```
> TTE
TST DELETED
```

```
> TQN
NO ACTIVE TST - DELETED TST RECORDS MAY EXIST - PLEASE USE TTH
```

☞ 삭제 후 PNR에는 변화가 없지만 TST 조회시 위와 같이 취소되어 History로 저장되었음을 알려준다.

 항공권

항공권은 항공운송을 제공하기 위해 항공사와 여객 간에 맺는 운송계약을 명시하는 증표이다. 항공권을 소지한 여객은 정부가 승인한 해당 항공사의 운송약관에 따라 항공운송 서비스를 받는다. 항공사는 항공권 이외에도 항공운송과 관련된 몇 가지 증표들을 발행하고 있다.

1. 항공권의 정의와 특성

1) 항공권의 정의

항공권이란 운송증표를 말하며, 모든 항공사는 IATA 표준양식에 의해 사용하여야 한다.

2) 항공권의 특성

• 예약여부와 상관없이 발권이 가능하다(예 Open Ticket).

- 승객의 여정에 여러 항공사를 이용 시 항공사들의 Interline 협정이 체결되어 있는 조건으로 하나의 항공사를 선택하여 발권이 가능하다.
- 정상운임의 항공권은 승객의 요청에 따라 여정 및 이용 항공사 변경이 가능하다.
- 기명식으로 타인에게 양도가 불가하며 유아를 포함한 모든 여객에게 항공권이 발행되어야 한다.
- 모든 항공요금은 요금 산출규정이 정한데로 최초 국제선 출발국 통화로 계산되어져야 한다.
- 적용요금은 발권일 당시의 유효한 요금이 아닌 최초의 출발 개시일에 유효한 운임을 적용 계산하여야 한다.
- 항공권은 반드시 발권된 순서대로 사용하여야 한다.

참고

IATA(International Air Transport Association)

2차 대전 이후 항공 운송의 비약적인 발전에 따라 국가 간 이해관계 조정 및 항공 운송에 예상되는 각종 절차의 표준화를 목적으로 설립한 순수 민간 국제 협력 기구로서 ICAO의 협의 기구이자 비영리 국제 민간 항공 운송 기구이다.

IATA의 주요기능은 항공 요금의 결정, IATA 규정 제정에 있으며 특히, IATA 운송회의에서 결정되는 운임 및 서비스의 조건, 운송절차, 대리점에 관한 규정 등 전세계 IATA 항공사와 여행사에 대하여 구속력을 가지고 있으며 각국 정부는 이를 인정하고 있다.

2. 항공권의 일반적인 사항

1) 항공권은 첫 구간 여행 개시일에 유효한 운임을 적용한다.

- 항공운임의 적용은 일반적으로 항공권은 국제선 첫 구간의 여행개시일에 유효한 운임을 적용한다.

• 항공권 발행 후 항공운임의 변동이 생겼을 경우, 여행 개시 전이라면 운임 변동 분을 추징하고 인하 분은 환급하는 것이 원칙이며 여행 개시 후에는 항공권 유효기간 내에 한해서는 인상, 인하 등의 변화에 영향을 받지 않는다.

2) 모든 항공운임은 최초 국제선 출발지 국가의 통화로 계산되어진다.

• 한국 출발의 경우 1995년 4월 1일부로 KOREA WON 즉, KRW을 출발지국 통화로 사용하게 되었다.

3) 유효기간

• 국제선 항공운임의 경우 유효기간은 적용 운임에 따라 달라진다.

• 정상운임의 경우 첫 구간은 여행개시일로부터 1년이며, 여행을 개시하지 않았다면 발행일로부터 1년이다.

• 특별운임의 경우 해당 규정에 따라 유효기간이 상이하며 최소/최대 체류기간을 함께 제한하는 경우가 대부분이다.

• 항공권의 유효기간 계산은 여행개시일 또는 발행일 다음날로부터 계산되며 항공권은 유효기간 만료일의 자정까지 유효하다. 즉 마지막 항공권의 사용을 최종여행 만료일 자정 이전에만 개시하면 된다.

• 유효기간이 월(month)로 규정되어 있을 경우에는 해당 월의 동일일자까지 유효하고 유효기간이 년(year)으로 규정되었을 때는 일년 뒤의 같은 날로 한다.

예 1년 유효기간 : 2012년 1월 1일 → 2013년 1월 1일

  1개월 유효기간 : 2012년 1월 1일 → 2012년 2월 1일

  15일 유효기간 : 2012년 1월 1일→ 2012년 1월 15일

• 기준일이 해당월의 마지막 일자인 경우 만료 월의 마지막 일까지 유효한 것으로 하며, 유효기간 만료월에 해당일자가 존재하지 않을 경우에는 만료 월의 마

지막 일자까지 유효한 것으로 한다.

> 예 1개월 유효ㅋ기간 : 2월 28/29일 → 3월 31일
>
> 3개월 유효기간 : 4월 30일 → 7월 31일

• 항공권을 재 발행하는 경우의 유효기간은 최초 발행 항공권의 유효기간 중 남은 기간에 한한다. 단 유효기간의 변경을 전제로 적용 요금이 변경되는 경우의 재발행은 제외된다.

4) 항공권은 어떠한 경우에도 타인에게 양도가 불가능하다.

• 항공권의 모든 권한은 항공권 상의 명시된 승객에게만 주어진다

5) 항공권은 Flight Coupon 순서대로 사용하여야 한다.

3. BSP란 무엇인가?

Billing Settlement Plan의 약자로서 항공사와 여행사간의 여객 운송 판매, 판매보고, 판매관리를 간소화하고 표준화한 업무 절차를 뜻한다. 즉 BSP 제도 하에서 모든 여행사는 여객 대리점 계약에 근거하여 모든 BSP 가입항공사에 대한 표준 항공권을 발권할 수 있으며 BSP항공사에 대한 판매 내용을 전산처리센터(DPC)에서 정해진 기일에 보고해야 하는 의무를 동시에 가지게 되는 것이다.

1) BSP 항공권(Billing Settlement Plan Ticket)

• 여행사용 항공권으로서 여행사가 항공권을 발권 시는 설정된 대금결재 은행을 통해 일체의 정산 업무가 이루어진다.

• 항공사 및 항공사 번호가 인쇄되어 있지 않으며 항공권 발행 시점에 발행 항공

사의 항공권 번호가 항공권에 입력된다.

2) Electronic Ticket의 정의

- 유가증권이다.
- 항공권의 발행 없이 여객운송 및 관련서비스의 판매사용 실적 등을 증명하는 방법을 의미한다.

```
TKT-1801740180611          RCI-                    1A LOC-5TEBXX
 OD-SELSEL  SI-      FCMI-0   POI-SEL  DOI-16OCT16  IOI-00039911
   1.JUNG/KOREA MS              ADT       ST  N
 1 O ICNHKG      KE    603 E 01DEC 0825 OK O      EKEKS
                                                     01JUN 1PC
 2 O HKGICN      KE    608 E 20DEC 0055 OK O      EKEKS
                                                     01JUN 1PC
 FARE   F KRW       496400
 TOTALTAX KRW        58800
 TOTAL    KRW       555200
 /FC SEL KE HKG222.98KE SEL Q5.80 222.98NUC451.76END ROE1098.7390
 00
 FE NONENDS. RISS CHRG APPLY. RFND PNTY APPLY. NO MILE UG.
 FP CASH
 NON-ENDORSABLE
 FOR TAX/FEE DETAILS USE TWD/TAX
 *TRN*
```

4. 전자항공권(Electronic Ticket)

1) 개요

항공사의 컴퓨터 시스템에 Data Base에 항공권의 모든 세부사항을 저장하고 필요시에 전산으로 자유롭게 조회하여 처리한다.

2) Itinerary & Receipt(ITR : 여정 발급 확인서)

항공권의 세부 내역과 법적 고지문 등을 안내하는 증표로 반드시 발권 후 고객에게 전달하여 상대국 입국시 차질이 없도록 해야 하며, 여행기간 내내 소지하여야 한다.

 승객용 전자항공권 확인증 e-Ticket Itinerary & Receipt

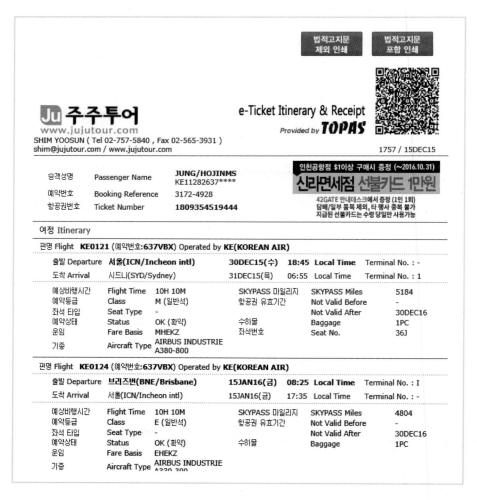

참고

전자항공권의 예약 및 발권 흐름법

　승객은 항공사 매표소를 방문할 필요 없이 인터넷이나 전화로 손쉽게 항공권 구입 및 환불이 가능하며, 공항에서는 실제 여행에 필요한 여권과 ITR(여정안내서: Itinerary & Receipt) 만을 소지하도록 한다. 이 제도는 간단한 신분 확인 후 탑승권(Boarding Pass)을 발급 받아 항공기를 이용할 수 있게 하는데 있다.

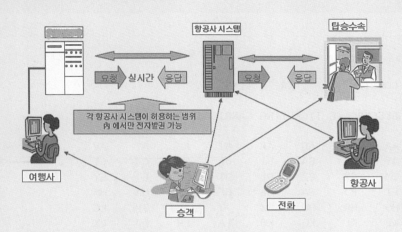

　승객 → 여행사, 항공사 전화나 인터넷을 통해 발권 → E-MAIL 혹은 FAX를 통한 ITR 수령 → 탑승수속 → 승객의 수속상황이 해당항공사의 ET DATA에 실시간 반영한다.

　전자발권 후 승객이 사용하지 않은 쿠폰 → 해당항공사의 ET DATA에 사용할 수 있는 상태로 그대로 존재한다.

　전자발권 후 승객이 환불을 원하는 경우 → 발권지에서 전자 환불 실시 → 해당항공사의 ET DATA에 환불상태로 변경된다.

　또한, 승객이 재발행을 원할 경우 최초의 발권지를 통한 내용을 근거로 재발행이 이루어지기 때문에 간단한 전화통화를 통해 실시간 재발행이 가능하다. 예를 들어 서울-동경-서울의 승객이 동경에 위치하여 서울-동경은 사용한 후 동경-서울을 오사카-서울로 변경을 요할 경우 서울의 발권지에 전화하여 동경-서울을 오사카-서울로 변경한 후 차액분이나 추가분은 카드로 지불하고 E-MAIL을 통하여 변경된 ITR을 받을 수 있는 편리함을 가지고 있다.

3) E-Ticket 정보 조회

E-Ticket은 모든 항공권의 세부사항을 ET Process를 통하여 모든 참여자 즉, 항공사, 여행사, 기타 수행이 가능하도록 구성되어 있으며 E-Ticket 발행 전에 각 Market의 E-Ticket 환경을 파악하고 해당 조건을 확인할 필요가 있다.

① 한국 시장의 E-Ticket 발권항공사 조회(TOPAS E-Ticket 발권 가능 항공사)

> TGETD-KR

```
> tgetd-kr

COUNTRY          KR

ELECTRONIC TICKETING CARRIERS

AA    AC    AE    AF    AI    AM    AT    AV
AY    AZ    BA    BI    BR    B7    CA    CI
CM    CX    CZ    DL    DT    EK    ET    EY
FI    FJ    GA    GE    GF    G3    HA    HM
HO    HR    HU    HX    JJ    JL    JP    KC
KE    KL    KQ    K6    LA    LH    LJ    LX
LY    MD    MF    MH    MI    MK    MS    MU
NH    NW    NX    NZ    OK    OM    OS    OU
PC    PG    PR    PS    PW    PX    QF    QR
QV    SA    SB    SC    SK    SQ    SU    SZ
S7    TG    TK    TP    TW    TZ    UA    UL
UO    UX    U4    VJ    VN    VT    WY    W2
XF    ZE    ZH    3U    7C    8M    9B    9W
*TRN*
```

② 항공사별 E-Ticket 상태확인

> HEETTKE 후에 MS22

```
>  HEETTKE

                        KE E-TICKET              EN   4DEC15 1000Z

   MARKET                                           REFERENCE
   ------                                           ---------

   JP ES FR IN NO SG SE TH GB IT NL SK IE NZ CH TW TR │MS22│
   AU BE DK MY PH CA CZ HK LU MH MP PW GU HU FM ID MO
   AD GF GP MQ RE IS SC SI MX BR RU HR CY PT EG FI MN
   QA OM BH AE UA PE MT CL BO KE KZ KG CO NG ZA LK EE
   LT LV RO BG AR NP EC PA CR CR KR IL PL JO KW LS SZ
   ZA GE AZ

   DE AT                                             MS70
```

MS22

```
>  MS22

                        KE E-TICKET              EN   4DEC15 1000Z


   KE ELIGIBILITY RULES FOR E-TICKETING IN THE FOLLOWING MARKETS:
   JP ES FR IN NO SG SE TH GB IT NL SK IE NZ CH TW TR AU BE DK MY
   PH CA CZ HK LU MH MP PW GU HU FM ID MO AD GF GP MQ RE IS SC SI
   MX BR RU HR CY PT EG FI VN MN QA OM BH AE UA PE MT CL BO KE KZ
   KG CO NG ZA LK EE LT LV RO BG AR NP EC PA CR CR KR IL PL JO KW
```

```
(Y - SUPPORTED, N - NOT SUPPORTED)
ABP ALLOWED                :N   FOID MANDATORY               :N
INF TICKET ALLOWED         :Y   MAX NUMBER OF PASSENGERS     :9
UMNR TICKET ALLOWED        :Y   GROUP PNRS ALLOWED           :Y
CONJUNCTION TKT ALLOWED    :Y   MAX NUMBER OF SEGMENTS       :16
MULTI TOUR CODES ALLOWED   :N   OPEN SEGMENTS ALLOWED        :Y
FY BULK (US ONLY) ALLOWED  :N   CONF SEG MANDATORY WITH OPEN :Y
IT/BT FARES ALLOWED        :Y   WAITLISTED SEGMENTS ALLOWED  :Y
NET REMIT ALLOWED          :Y   CONF SEG MANDATORY WITH W/L  :N
NEGO FARES ALLOWED         :Y   PASSIVE SEGMENTS ALLOWED     :Y
```

③ Interline 항공사 조회

TGAD-KE/TG

☞ KE항공권으로 TG구간을 함께 발권할 경우, 협약여부를 확인하는 방법이다.

```
>  TGAD-KE/TG

--AIRLINES HAVING AGREEMENT WITH: KE
TG   T P E
```

④ BSP 가입 항공사 조회

TGBD-KR

```
--BSP/ARP PLAN FOR: KR   REPUBLICOFKOREA
AA    AC    AD    AE    AF    AI    AM    AR
AT    AV    AY    AZ    BA    BI    BR    BT
BX    B7    CA    CI    CM    CX    CZ    DL
DT    EK    ET    EY    FI    FJ    GA    GE
GF    GS    G3    HA    HM    HO    HR    HU
HX    HY    IZ    JJ    JL    JP    KC    KE
KL    KQ    KU    K6    LA    LH    LJ    LO
LX    LY    MD    MF    MH    MK    MS    MU
NH    NX    NZ    OK    OM    OS    OU    OZ
PC    PG    PR    PS    PW    PX    QF    QR
QV    RJ    SA    SB    SC    SK    SQ    SU
SV    SZ    S7    TG    TK    TP    TW    TZ
UA    UL    UO    US    UX    VJ    VN    VT
WP    WY    W2    XB    ZE    ZH    Z2    Z8
3U    7C    8M    9B    9W
```

항공권의 발행

1. E-Ticket 발권 구성요소

TST(Transitional Stored Ticket)	운임 저장 후 발권을 위해 필요한 모든 정보가 담겨있는 Field (필수입력 항목)
FM Element	Commission 입력부분 (필수입력 항목)
FV Element	발권항공사 입력부분 (필수입력 항목)
FP Element	지불수단 입력부분(Form of Payment) (필수입력항목)
FE Element	Endorsement 및 제한사항 입력 부분
FT Element	AUTH no 및 Tour Code 입력 부분
FS Element	Conjunction 항공권 번호 입력 부분
TTN/D금액	Discount 입력 부분

2. TST(Transitional Stored Ticket)

1) 개요

- 발권을 위해 필요한 정보가 담겨있는 Field이다.
- PNR에 저장된 운임 및 발권 관련 정보로 발권 시 필수 요소이다.
- TST 생성시 TST 생성일, Office ID, 생성자 Sign Code가 함께 저장된다.
- 구간별로 승객 당 최대 10개의 TST 생성이 가능하며 여정 중복은 불가하다.
- 동일여정, 동일운임, 동일 지불수단의 경우 하나의 TST로 복수 승객 적용 가능하다.
- 복수승객으로 연결된 TST중 한 승객의 조건이 변경된 경우 동 승객에 대한 새

로운 TST가 생성된다.

• TST 생성일 당일 자정까지 유효하므로 다음날 발권할 경우 재계산이 필요하다.

• TST 생성시 PNR 상단에 -TST RLR- 메시지가 표시된다.

2) TST 종류

• Automatic TST : FXP 지시어 사용시 자동 생성 FCMI가 "0"으로 표시된다.

• Manual TST : TST를 수동으로 입력하거나, 자동으로 생성된 TST를 수정하는 경우 사용 FCMI가 "1"로 표시된다.

3) TST(HE TST) Option

• PNR 조회 후

1	기본조회	FXP(전승객) , FXP/PAX(성인 및 소아), FXP/INF(유아)
2	승객지정	FXP/P1, FXP/P2,4, FXP/P1-3
3	SEG 지정	FXP/S3, FXP/2,4,6 FXP/S1-5
4	할인지정	FXP/RCH(소아)
5	단체할인지정	FXP/RGV
6	운임선택	FXT4(전승객, 4번째운임), FXT4/P1(4번째 운임, 승객1번)

사례 성인 2명

| 구간 : SEL – HKG – SEL |
| 날짜 :   12/1   12/20 |
| 항공사 : KE   KE |
| Class : E   E |

① PNR 조회

```
--- RLR ---
RP/SELK1394Z/SELK1394Z              AA/GS   17OCT16/0700Z    5TEO3I
0123-3033
  1.HAN/AAMR   2.JUNG/BBMS
  3  KE 603 E 01DEC 4 ICNHKG HK2  0825 1120  01DEC  E  KE/5TEO3I
  4  KE 608 E 20DEC 2 HKGICN HK2  0055 0520  20DEC  E  KE/5TEO3I
  5 AP SEL 1566-0014 - TOPAS TRAINING UNIVERSITY - A
  6 APM 010-123-3000
  7 TK OK17OCT/SELK1394Z
  8 OPW SELK1394Z-28OCT:1900/1C7/KE REQUIRES TICKET ON OR BEFORE
        31OCT:1900/S3-4
  9 OPC SELK1394Z-31OCT:1900/1C8/KE CANCELLATION DUE TO NO
        TICKET/S3-4
```

② TST 생성(FXP)

```
FXP


   PASSENGER         PTC    NP  FARE<KRW> TAX/FEE    PER PSGR
01 HAN/AAMR          ADT    1     496400   58800      555200
02 JUNG/BBMS         ADT    1     496400   58800      555200


              TOTALS    2     992800  117600     1110400

1-2 LAST TKT DTE 20OCT16/23:59 LT in POS - SEE ADV PURCHASE
1-2 70000 KRW PENALTY APPLIES
>                                              PAGE  2/ 2
```

③ 저장 및 운임내역 조회(ER 두 번 후 TQN)

```
> ER

  -- TST RLR --
RP/SELK1394Z/SELK1394Z              AA/GS   17OCT16/0706Z    5TEO3I
0123-3033
  1.HAN/AAMR   2.JUNG/BBMS
  3  KE 603 E 01DEC 4 ICNHKG HK2  0825 1120  01DEC  E  KE/5TEO3I
  4  KE 608 E 20DEC 2 HKGICN HK2  0055 0520  20DEC  E  KE/5TEO3I
  5 AP SEL 1566-0014 - TOPAS TRAINING UNIVERSITY - A
  6 APM 010-123-3000
  7 TK OK17OCT/SELK1394Z
```

항공권 발행

137

```
>  TQN

TST00001    SELK1394Z AA/17OCT I 0 LD 20OCT16 2359  OD SELSEL
T-
FXP
   1.HAN/AAMR   2.JUNG/BBMS
 1   ICN KE  603 E 01DEC 0825  OK EKEKS              01JUN 1PC
 2 O HKG KE  608 E 20DEC 0055  OK EKEKS              01JUN 1PC
     ICN
FARE  F KRW      496400
TX001 X KRW     28000-BPDP TX002 X KRW    17600-HKAE TX003 X KRW    13200-G3RE
TOTAL   KRW     555200
GRAND TOTAL KRW     555200
SEL KE HKG222.98KE SEL Q5.80 222.98NUC451.76END ROE1098.739000

 10.FE NONENDS. RISS CHRG APPLY. RFND PNTY APPLY. NO MILE UG.
 11.FV KE
*TRN*
```

4) TST 조회

1	기본조회	TQT(할인이 없을 경우), TQN(할인이 있을 경우)
2	승객 지정 조회	TQN/PAX(성인 및 소아), TQN/INF(유아)
3	TST운임 및 승객지정조회	TQN/T1, TQN/P1

☞ TQN은 할인이 없는 경우도 함께 조회되므로 본 책에서는 TQN으로 통일한다.

5) TST 삭제

1	기본삭제	TTE/ALL(모든 TST)
2	승객 지정 삭제	TTE/PAX(성인/소아), TTE/INF(유아)
3	TST운임 및 승객지정삭제	TTE/T1, TTE/P1

```
>  TTE/ALL

TST DELETED
```

3. FM^(HE FM) : Commission정보

1) 개요

여행사에서 항공권 발권 시 해당 항공사로부터 수수료가 측정되어있을 경우 입력하는 요소로서 현재 대부분의 항공사에서는 No Comm으로 진행되고 있다

2) FM Option

1	Gross Comm	FM0G(No Comm), FM5G(5%)
	Gross Comm	FMPAX0G(성인/소아), FMINF0G(유아)
2	Net Comm	FM0N(No Comm), FM5N(5%)
	Net Comm	FMPAX0N(성인/소아)

사 례 성인 2명

```
구간 : SEL - HKG - SEL
날짜 :    12/1    12/20
항공사 :   KE      KE
Class :    E       E
Commission : No Comm
```

```
>  FM0G

--- TST RLR ---
RP/SELK1394Z/SELK1394Z              AA/GS   17OCT16/0742Z   5TEO3I
0123-3033
  1.HAN/AAMR    2.JUNG/BBMS
  3  KE 603 E 01DEC 4 ICNHKG HK2  0825 1120  01DEC  E  KE/5TEO3I
  4  KE 608 E 20DEC 2 HKGICN HK2  0055 0520  20DEC  E  KE/5TEO3I
  5 AP SEL 1566-0014 - TOPAS TRAINING UNIVERSITY - A
  6 APM 010-123-3000
  7 TK OK17OCT/SELK1394Z
```

```
 8 OPW SELK1394Z-190CT:1900/1C7/KE REQUIRES TICKET ON OR BEFORE
       200CT:1900/S3-4
 9 OPC SELK1394Z-200CT:1900/1C8/KE CANCELLATION DUE TO NO
       TICKET/S3-4
10 FE PAX NONENDS. RISS CHRG APPLY. RFND PNTY APPLY. NO MILE
       UG./S3-4/P1-2
11 FM *M*0
12 FV PAX KE/S3-4/P1-2
```

3) 삭제

```
XE11
```

☞ PNR의 항목 삭제방법으로 수행한다.

4. TTN/D : Discount 금액

1) 개요

이전과 달리 현재 대부분의 항공사는 공시운임을 실제 판매가격과 동일하게 사용하고 있으나 간혹 실제 판매가격을 별도로 운용하는 항공사일 경우 발권자는 시스템에서 확인된 공시운임과 실제 판매가격의 차이를 계산하여 할인금액을 산출하여 발권 시 입력해야한다. 단 승객에게 제공되는 항공권 발행확인서(ITR: Itinerary & Receipt) 상에는 할인정보가 제공되지 않는다

2) 기본 지시어 및 Option

1	기본지시어	TTN/D50000(5만원할인)
2	TST 번호 지정	TTN/D50000/T1

사 례 성인 2명

구간 : SEL – HKG – SEL
날짜 : 12/1 12/20
항공사 : KE KE
Class : E E
Commission : No Comm
판매가 : KRW400000

```
> TTN/D90000

TST00002      SELK1394Z AA/17OCT B 1 LD 20OCT16 OD SELSEL SI
T-
FXP
  1.HAN/AAMR   2.JUNG/BBMS
 1  ICN KE  603 E 01DEC 0825  OK EKEKS              01JUN 1PC
 2 O HKG KE  608 E 20DEC 0055  OK EKEKS              01JUN 1PC
    ICN
       P KRW     496400
       N KRW     406400                    D/C    KRW      90000
FARE  F KRW     406400
TX001 X KRW    28000-BPDP TX002 X KRW    17600-HKAE TX003 X KRW    13200-G3RE
TOTAL   KRW    465200
GRAND TOTAL KRW    465200
SEL KE HKG222.98KE SEL Q5.80 222.98NUC451.76END ROE1098.739000
SIA/N//////N/////
```

5. FV(HE FV) : 발권항공사 지정(Validating Carrier)

1) 개요

여정 중에 복수의 운항 항공사가 존재할 경우 항공권 발행 권한과 책임을 가지게
된다. FXP 실행 후 TST 생성시 자동 입력된다.

1	기본지시어	FVKE(KE 항공사)
2	승객지정	FVPAXKE(성인/소아), FVPAXINF(유아)
3	승객번호 지정	FVKE/P1

사례 성인, 소아(남아, 2010.1.1. 생)

구간 : SEL – BKK – SEL
날짜 :   11/1   11/20
항공사 :   KE   KE
Class :   E   E
Commission : No comm
할인 : No Discount
발권항공사 : KE

```
--- TST RLR ---
RP/SELK1394Z/SELK1394Z               AA/GS   18OCT16/1006Z    5TFYOU
0123-3034
 1.KIM/BALKWON MR   2.KIM/YEYAK MSTR(CHD/01JAN10)
 3  KE 657 E 01NOV 2 ICNBKK HK2  0900 1300  01NOV  E  KE/5TFYOU
 4  KE 660 E 20NOV 7 BKKICN HK2  0950 1710  20NOV  E  KE/5TFYOU
 5 AP SEL 1566-0014 - TOPAS TRAINING UNIVERSITY - A
 6 APM 010-123-3000 TOPAS
 7 TK OK18OCT/SELK1394Z
 8 SSR CHLD KE HK1 01JAN10/P2
 9 SSR CHML KE HN1/S3/P2
10 SSR CHML KE HN1/S4/P2
11 OPW SELK1394Z-20OCT:1900/1C7/KE REQUIRES TICKET ON OR BEFORE
        21OCT:1900/S3-4
12 OPC SELK1394Z-21OCT:1900/1C8/KE CANCELLATION DUE TO NO
        TICKET/S3-4
13 FE PAX NONENDS. RISS CHRG APPLY-KRW70000. RFND PNTY
        APPLY-KRW100000. NO MILE UG./S3-4/P1
14 FE PAX NONENDS. RISS CHRG APPLY-KRW70000. RFND PNTY
        APPLY-KRW100000. NO MILE UG./S3-4/P2
15 FV PAX KE/S3-4/P1
16 FV PAX KE/S3-4/P2
*TRN*
```

2) 삭제

XE15-16

6. FP^(HE FP) : Form Of Payment, 지불수단

1) 개요

승객의 항공운임 지불수단을 입력하는 항목이다. 특히 카드 발권 시 승인번호를 입력 하지 않으면 시스템을 통해 자동으로 승인 요청 처리된다.

1	CASH 지불	FPCASH , FPCASH/P1(승객지정)
2	CARD 지불	FPCCVI4444333322221111/1220*E03/N12345678 (E03:할부개월수, 생략시 일시불로 간주, N12345678:카드 승인 번호가 별도 있을 경우)
3	CASH+CARD(50만원)	FPCASH+CCVI4444333322221111/1220*E03/ N12345678/KRW500000
4	승객지정	FPPAXCASH/P1(성인/소아) FPINFCASH/P1(유아) FPPAXCCVI4444333322221111/1220*E03/P1 FPINFCCVI4444333322221111/1220*E03/P1

사 례 성인, 소아(남아, 2010.1.1. 생)

> 구간 : SEL – BKK – SEL
> 날짜 :　　11/1　　11/20
> 항공사 :　 KE　　KE
> Class :　　E　　 E
> Commission : No comm
> 할인 : No Discount
> 발권항공사 : KE
> 지불수단 : 성인
> 　　전액카드, VI4444333322221111 유효기간 2019년 5월 일시불, 승인번호 55556666
> 　　　　소아
> 　　　　전액 CASH

```
--- TST RLR ---
RP/SELK1394Z/SELK1394Z            AA/GS  18OCT16/1006Z    5TFYOU
0123-3034
 1.KIM/BALKWON MR    2.KIM/YEYAK MSTR(CHD/01JAN10)
 3  KE 657 E 01NOV 2 ICNBKK HK2  0900 1300  01NOV  E  KE/5TFYOU
 4  KE 660 E 20NOV 7 BKKICN HK2  0950 1710  20NOV  E  KE/5TFYOU
 5 AP SEL 1566-0014 - TOPAS TRAINING UNIVERSITY - A
 6 APM 010-123-3000 TOPAS
 7 TK OK18OCT/SELK1394Z
 8 SSR CHLD KE HK1 01JAN10/P2
 9 SSR CHML KE HN1/S3/P2
10 SSR CHML KE HN1/S4/P2
11 OPW SELK1394Z-20OCT:1900/1C7/KE REQUIRES TICKET ON OR BEFORE
       21OCT:1900/S3-4
12 OPC SELK1394Z-21OCT:1900/1C8/KE CANCELLATION DUE TO NO
       TICKET/S3-4
13 FE PAX NONENDS. RISS CHRG APPLY-KRW70000. RFND PNTY
       APPLY-KRW100000. NO MILE UG./S3-4/P1
14 FE PAX NONENDS. RISS CHRG APPLY-KRW70000. RFND PNTY
       APPLY-KRW100000. NO MILE UG./S3-4/P2
15 FP CCVI4444333322221111/0519*E00/N55556666/P1
16 FP CASH/P2
17 FV PAX KE/S3-4/P1
```

2) 삭제

```
XE15-16
```

7. FE Element(HE FE) : Endorsement 및 Restriction 양도 및 제한사항

1) 개요

항공사의 할인 제공 여부에 따라 혹은 항공운임의 종류에 따라 타 항공사로의 양도 가능 여부, 여정변경, 환불 등의 제한 사항을 달리 제한받는 경우가 있다면 항공권 발행 시 FE 항목에 해당 사항을 반드시 표기해야 한다. 또한 소아나 유아의 항공

권 발행시 생년월일 등을 FE 항목에 입력한다.

1	기본지시어	FENON-ENDS
2	승객지정	FENON-ENDS/P1 (1번 승객 지정)
3	기 입력 FE Line에 추가 입력	13//DOB01JAN09/P2
4	기 입력 FE Line 수정	13/NO DATE CHNG ALLOWED

사례 ▶ 성인, 소아(남아, 2010.1.1. 생)

```
구간 : SEL - BKK - SEL
날짜 :    11/1    11/20
항공사 :   KE      KE
Class :    E       E
Commission : No comm
할인 : No Discount
발권항공사 : KE
지불수단 : 성인
전액카드, VI4444333322221111 유효기간 2019년 5월 일시불, 승인번호 55556666
          소아
          전액 CASH
```

```
> 14//DOB01JAN09/P2                              🕘 🔲 ❚❚

--- TST RLR ---
RP/SELK1394Z/SELK1394Z              AA/GS  18OCT16/1006Z    5TFYOU
0123-3034
  1.KIM/BALKWON MR    2.KIM/YEYAK MSTR(CHD/01JAN10)
  3   KE 657 E 01NOV 2 ICNBKK HK2  0900 1300   01NOV  E  KE/5TFYOU
  4   KE 660 E 20NOV 7 BKKICN HK2  0950 1710   20NOV  E  KE/5TFYOU
  5 AP SEL 1566-0014 - TOPAS TRAINING UNIVERSITY - A
  6 APM 010-123-3000 TOPAS
  7 TK OK18OCT/SELK1394Z
  8 SSR CHLD KE HK1 01JAN10/P2
  9 SSR CHML KE HN1/S3/P2
```

```
10  SSR CHML KE HN1/S4/P2
11  OPW SELK1394Z-20OCT:1900/1C7/KE REQUIRES TICKET ON OR BEFORE
        21OCT:1900/S3-4
12  OPC SELK1394Z-21OCT:1900/1C8/KE CANCELLATION DUE TO NO
        TICKET/S3-4
13  FE PAX NONENDS. RISS CHRG APPLY-KRW70000. RFND PNTY
        APPLY-KRW100000. NO MILE UG./S3-4/P1
14  FE PAX *M*NONENDS. RISS CHRG APPLY-KRW70000. RFND PNTY
        APPLY-KRW100000. NO MILE UG. DOB01JAN09/S3-4/P2
15  FP CCVI4444333322221111/0519*E00/N55556666/P1
16  FP CASH/P2
17  FV PAX KE/S3-4/P1
```

8. FT Element(HE FT) : ΛUTH ∏o 및 Tour Code

1) 개요

할인이 제공되는 노선인 경우 해당 항공사는 할인 여부에 대한 승인번호를 항공권에 표기하도록 하는데 이것을 AUTH번호라고 한다. 최대 123Bytes까지 입력 가능하다.

1	기본지시어	FT*5SDQIININS
2	승객지정	FT*5SDQIININS/P1 (1번승객 지정)
3	INF이외 승객/INF 승객 지정	FTPAX*5SDQIININS, FTINF*5SEQIININS
4	기 입력 FT Line 수정	15/*5SDQIININS

2) 삭제

XE15

9. FS Element : Conjunction 항공권 번호(KE Only)

1) 개요

성인을 동반한 소아나 유아 항공권 발권 시 KE의 경우 소아나 유아의 항공권 상에 성인의 항공권 번호를 입력해 주도록 하고 있다. 이에 FS항목을 이용하여 성인의 항공권 번호를 입력한다.

1	기본지시어	FSCONJ180-1234567890
2	승객지정	FSCONJ180-123467890/P1 (1번 승객지정)
3	INF이외 승객/INF 승객 지정	FSPAXCONJ180-1234567890 FSINFCONJ180-1234567890

2) 삭제

XE16

10. 발권 지시(HE TTP)

1	기본지시어	TTP
2	전 승객발권 및 PNR 조회	TTP/RT
3	유아승객 발권	TTP/INF
4	승객지정 발권	TTP/P1/RT (1번 승객 발권)

147

사례 ▶ 성인, 소아(남아, 2010.1.1. 생)

구간 : SEL - BKK - SEL
날짜 :   11/1   11/20
항공사 : KE   KE
Class :   E   E
Commission : No comm
할인 : No Discount
발권항공사 : KE
지불수단 : 성인
전액카드, VI4444333322221111 유효기간 2019년 5월 일시불, 승인번호 55556666
         소아
         전액 CASH

> TTP/RT

OK ETICKET

```
--- TST RLR ---
RP/SELK1394Z/SELK1394Z            AA/GS  18OCT16/1204Z    5TFYOU
0123-3034
  1.KIM/BALKWON MR   2.KIM/YEYAK MSTR(CHD/01JAN10)
  3  KE 657 E 01NOV 2 ICNBKK HK2  0900 1300   01NOV  E  KE/5TFYOU
  4  KE 660 E 20NOV 7 BKKICN HK2  0950 1710   20NOV  E  KE/5TFYOU
  5 AP SEL 1566-0014 - TOPAS TRAINING UNIVERSITY - A
  6 APM 010-123-3000 TOPAS
  7 TK PAX OK18OCT/SELK1394Z//ETKE/S3-4/P1-2
  8 SSR CHLD KE HK1 01JAN10/P2
  9 SSR CHML KE HN1/S3/P2
 10 SSR CHML KE HN1/S4/P2
 11 FA PAX 180-1740181736/ETKE/KRW703100/18OCT16/SELK1394Z/00039
       911/S3-4/P1
 12 FA PAX 180-1740181737/ETKE/KRW540600/18OCT16/SELK1394Z/00039
       911/S3-4/P2
 13 FB PAX 1800008957 TTP/RT OK ETICKET/S3-4/P1
 14 FB PAX 1800008958 TTP/RT OK ETICKET/S3-4/P2
 15 FE PAX NONENDS. RISS CHRG APPLY-KRW70000. RFND PNTY
       APPLY-KRW100000. NO MILE UG./S3-4/P1
 16 FE PAX *M*NONENDS. RISS CHRG APPLY-KRW70000. RFND PNTY
       APPLY-KRW100000. NO MILE UG. DOB01JAN09/S3-4/P2
 17 FM *M*0
```

11. E-Ticket 이미지 조회

항공권 발행 후 E-Ticket을 조회하기 위해서는 PNR을 이용하거나 항공권 번호를
이용하여 다양하게 조회할 수 있다.

1	기본지시어(항공권 번호가 1개인 경우)	TWD
2	PNR에서 FA Line번호로 조회시	TWD/L7
3	항공권 번호로 조회시	TWD/TKT180−1234567890
4	마지막 조회했던 ET Record 조회	TWDRT

1) PNR 조회 후 TWD

```
>  TWD/L11                                          ⟲ 님니

TKT-1801740181736        RCI-                        1A LOC-5TFYOU
  OD-SELSEL  SI-      FCMI-0   POI-SEL  DOI-18OCT16  IOI-00039911
    1.KIM/BALKWON MR             ADT         ST   N
  1 O ICNBKK     KE   657 E 01NOV 0900 OK  O      EKEKS
                                                  01MAY 1PC

  2 O BKKICN     KE   660 E 20NOV 0950 OK  O      EKEKS
                                                  01MAY 1PC

  FARE    F KRW       650000
  TOTALTAX KRW         53100
  TOTAL    KRW        703100
  /FC SEL KE BKK295.79KE SEL295.79NUC591.58END ROE1098.739000
  FE NONENDS. RISS CHRG APPLY-KRW70000. RFND PNTY APPLY-KRW100000.
   NO MILEUG.
  FP CCVIXXXXXXXXXXXX1111/0519
  NON-ENDORSABLE
  FOR TAX/FEE DETAILS USE TWD/TAX
```

☞ "O"는 항공권의 사용가능 상태를 나타낸다(즉, OPEN 상태를 나타냄).

참고

Coupon Status

첫 번째 단계	중간 단계	마지막 단계
O(Open)	A (Airport Control)	F (Flown)
	C (Checked In)	V (Void)
	L (Lifted/Boarded)	R (Refunded)
		E (Exchanged)

2) E-Ticket 판독

```
TKT-1801740181736          RCI-                    1A LOC-5TFYOU
 OD-SELSEL  SI-      FCMI-0   POI-SEL   DOI-18OCT16  IOI-00039911
   1.KIM/BALKWON MR              ADT        ST   N
 1 O ICNBKK      KE   657 E 01NOV 0900 OK O    EKEKS
                                                    01MAY 1PC
 2 O BKKICN      KE   660 E 20NOV 0950 OK O    EKEKS
                                                    01MAY 1PC

 FARE   F KRW        650000
 TOTALTAX KRW         53100
 TOTAL    KRW        703100
 /FC SEL KE BKK295.79KE SEL295.79NUC591.58END ROE1098.739000
 FE NONENDS. RISS CHRG APPLY-KRW70000. RFND PNTY APPLY-KRW100000.
  NO MILEUG.
 FP CCVIXXXXXXXXXXXX1111/0519
 NON-ENDORSABLE
 FOR TAX/FEE DETAILS USE TWD/TAX
```

1	TKT-1801740181736	항공권 번호
2	1A LOC-5TFYOU	아마데우스 예약번호
3	OD-SELSEL	출발지/도착지
4	FCMI-0	Fare Calcualtion Mode Indicator 0(자동운임계산)
5	POI-SEL	Place Of Issue 항공권 발행지 SEL

6	DOI-18OCT16	Date Of Issue 항공권 발행일
7	IOI-00039911	IATA No 항공권 발행여행사 IATA No
8	1.KIM/BAKWON MR	승객의 이름과 Title
9	ADT	Adult 승객유형 성인
10	ST	Coupon status
11	EKEKS	Fare Basis
12	01MAY	Maximum Stay 최대체류일
13	1PC	무료 수하물
14	FARE	Shown Fare
15	TOTAL	Shown Fare + Tax
16	/FC	Fare Calculation 운임기록
17	FE	Endorsement & Restriction 양도 및 제한 사항
18	FP	Form Of Payment 지불수단
19	FOR TAX/FEE	세금에 대한 자세한 사항은 TWD/TAX보라는 안내

04 발권 사례

사 례 1

조건 : O CLASS 예약, 전화번호 임의지정
        NO DISS , NO-COMM
승객 : 성인
여정 : 1/10 SEL/HEL AY
        2/24 HEL/SEL AY
지불수단 : 전액 카드 지불 VI4444333322221111 유효기간 2020/11 3개월 할부,
            승인번호-77778888

1) PNR 조회

```
>  ER                                                    ⌣⌣ ⌐니

--- TST RLR ---
RP/SELK1394Z/SELK1394Z              AA/GS   18OCT16/1217Z   5TF4JJ
0123-3035
  1.KIM/SARANG MS
  2  AY 042 O 10JAN 2 ICNHEL HK1  1115 1415   10JAN  E  AY/5TF4JJ
  3  AY 041 O 24FEB 5 HELICN HK1  1730 0915   25FEB  E  AY/5TF4JJ
  4 AP SEL 1566-0014 - TOPAS TRAINING UNIVERSITY - A
  5 APM 010-123-3000 TOPAS TRVL
  6 TK OK18OCT/SELK1394Z
  7 FE PAX CHNG KRW150000/REF RESTR/S2-3
  8 FV PAX AY/S2-3
```

2) 자동운임 계산 및 TST 생성

```
FXP

01 KIM/SARAN*

LAST TKT DTE 01NOV16/23:59 LT in POS - SEE ADV PURCHASE
---------------------------------------------------------------
        AL FLGT  BK   DATE  TIME  FARE BASIS     NVB  NVA   BG
  SEL
  HEL AY   42 O      10JAN 1115  OLBA2KR               10APR 1P
  SEL AY   41 O      24FEB 1730  OLBA2KR        14JAN10APR 1P

KRW     900000       10JAN17SEL AY HEL409.56AY SEL409.56NUC
                     819.12END ROE1098.739000
KRW     312000YR     XT KRW 6300DQ KRW 1500XU KRW 11000FI
KRW      28000BP
KRW      18800XT
KRW    1258800
```

3) TST 확인

```
>  TQN                                              ☺ 급 ᄂ ᄂ

TST00003        SELK1394Z AA/18OCT I 0 LD 01NOV16 2359  OD SELSEL
T-
FXP
   1.KIM/SARANG MS
 1   ICN AY  042 O 10JAN 1115  OK OLBA2KR              10APR 1PC
 2 O HEL AY  041 O 24FEB 1730  OK OLBA2KR      14JAN10APR 1PC
   ICN
FARE  F KRW      900000
TX001 X KRW    312000-YRVB TX002 X KRW     28000-BPDP TX003 X KRW
TX004 X KRW      1500-XUAV TX005 X KRW     11000-FIDP
TOTAL   KRW    1258800
GRAND TOTAL KRW     1258800
SEL AY HEL409.56AY SEL409.56NUC819.12END ROE1098.739000

  7.FE CHNG KRW150000/REF RESTR
  8.FV AY
```

4) Commission, 지불수단 입력

```
--- TST RLR ---
RP/SELK1394Z/SELK1394Z            AA/GS  18OCT16/1225Z    5TF4JJ
0123-3035
 1.KIM/SARANG MS
 2  AY 042 O 10JAN 2 ICNHEL HK1  1115 1415  10JAN  E  AY/5TF4JJ
 3  AY 041 O 24FEB 5 HELICN HK1  1730 0915  25FEB  E  AY/5TF4JJ
 4 AP SEL 1566-0014 - TOPAS TRAINING UNIVERSITY - A
 5 APM 010-123-3000 TOPAS TRVL
 6 TK OK18OCT/SELK1394Z
 7 FE PAX CHNG KRW150000/REF RESTR/S2-3
 8 FM *M*0
 9 FP CCVIXXXXXXXXXXXXX1111/1120*E03/N77778888
10 FV PAX AY/S2-3
*TRN*
```

5) 발권 지시

> TTP/RT

OK ETICKET ADVISE PSGR TO BRING FOID/PICT ID AT APT

6) 발권 확인

```
--- TST RLR ---
RP/SELK1394Z/SELK1394Z              AA/GS  18OCT16/1227Z   5TF4JJ
0123-3035
   1.KIM/SARANG MS
   2  AY 042 O 10JAN 2 ICNHEL HK1   1115 1415  10JAN  E  AY/5TF4JJ
   3  AY 041 O 24FEB 5 HELICN HK1   1730 0915  25FEB  E  AY/5TF4JJ
   4 AP SEL 1566-0014 - TOPAS TRAINING UNIVERSITY - A
   5 APM 010-123-3000 TOPAS TRVL
   6 TK OK18OCT/SELK1394Z//ETAY
   7 FA PAX 105-1740181738/ETAY/KRW1258800/18OCT16/SELK1394Z/0003
        9911/S2-3
   8 FB PAX 1800008959 TTP/RT OK ETICKET ADVISE PSGR TO BRING
        FOID/PICT ID AT APT/S2-3
   9 FE PAX CHNG KRW150000/REF RESTR/S2-3
  10 FM *M*0
  11 FP CCVIXXXXXXXXXXXX1111/1120*E03/N77778888
  12 FV PAX AY/S2-3
```

7) 항공권 이미지 확인

```
TKT-1051740181738        RCI-                    1A LOC-5TF4JJ
  OD-SELSEL  SI-      FCMI-0   POI-SEL  DOI-18OCT16  IOI-00039911
    1.KIM/SARANG MS              ADT      ST  N
  1 O ICNHEL     AY    42 O 10JAN 1115 OK O     OLBA2KR
                                                    10APR 1PC
  2 O HELICN     AY    41 O 24FEB 1730 OK O     OLBA2KR
                                             14JAN 10APR 1PC
  FARE   F KRW       900000
  TOTALTAX KRW       358800
  TOTAL    KRW      1258800
  /FC SEL AY HEL409.56AY SEL409.56NUC819.12END ROE1098.739000
  FE CHNG KRW150000/REF RESTR
  FP CCVIXXXXXXXXXXXX1111/1120
  FOR TAX/FEE DETAILS USE TWD/TAX
```

사례 **2**

조건 : Q CLASS 예약, 전화번호 임의 지정, 100000 D/C , NO COMM
승객명 : 성인 2명
3/15 SEL/SIN SQ
4/12 SIN/SEL SQ
지불수단 : 본인– 현금+카드 (30만원 VI4444333322221111유효기간202012,
　　　　　　　 일시불, 승인번호–33334444)
　　　　　　　친구 – 전액 카드 지불(VI4444333322221111 유효기간 2015/10,
　　　　　　　3개월 할부, 승인번호–11112222)

---

1) PNR 조회

```
--- RLR ---
RP/SELK1394Z/SELK1394Z            AA/GS   18OCT16/1321Z    5TF5ZQ
0123-3037
 1.KIM/TKTNG MR    2.LEE/RSVN MS
 3   SQ 603 Q 15MAR 3 ICNSIN HK2  0010 0600  15MAR  E  SQ/5TF5ZQ
 4   SQ 608 Q 12APR 3 SINICN HK2  0010 0745  12APR  E  SQ/5TF5ZQ
 5 AP SEL 1566-0014 - TOPAS TRAINING UNIVERSITY - A
 6 APM 010-123-3000 TOPAS TRVL
 7 TK OK18OCT/SELK1394Z
 8 OPW SELK1394Z-05NOV:2300/1C7/SQ REQUIRES TICKET ON OR BEFORE
       08NOV:2300/S3-4
 9 OPC SELK1394Z-08NOV:2300/1C8/SQ CANCELLATION DUE TO NO
       TICKET/S3-4
```

2) 자동운임 계산 및 TST 생성

```
FXP


   PASSENGER           PTC    NP   FARE<KRW> TAX/FEE    PER PSGR
01 KIM/TKTNG*          ADT    1      430000   67300      497300
02 LEE/RSVN *          ADT    1      430000   67300      497300

                       TOTALS  2     860000  134600      994600

1-2 LAST TKT DTE 14JAN17/23:59 LT in POS - SEE ADV PURCHASE
1-2 FARE VALID FOR E TICKET ONLY
1-2 TICKETS ARE NON REFUNDABLE AFTER DEPARTURE
```

3) 성인 TST 확인

```
>  TQN/T1                                                    ↺늠내

TST00001      SELK1394Z AA/18OCT I 0 LD 14JAN17 2359  OD SELSEL
T-E
FXP
   1.KIM/TKTNG MR    2.LEE/RSVN MS
 1   ICN SQ  603 Q 15MAR 0010  OK QLAPKR3M        15MAR15MAR 30K
 2 O SIN SQ  608 Q 12APR 0010  OK QLAPKR3M        12APR12APR 30K
     ICN
FARE  F KRW      430000
TX001 X KRW      11400-YQAD TX002 X KRW     28000-BPDP TX003 X KRW
TX004 X KRW       5000-OPAE TX005 X KRW     16300-SGAD
TOTAL   KRW      497300
GRAND TOTAL KRW      497300
SEL SQ SIN195.67SQ SEL195.67NUC391.34END ROE1098.739000

 10.FE NOEND/RFND.NOSHOW.CHNG FEE APP/NO PARTL RFND/50PC KF ONLY
 11.FV SQ
```

4) Discount, Commission, 지불수단 입력 - 승객 1

```
TST00002      SELK1394Z AA/18OCT B 1 LD 14JAN17 2359  OD SELSEL
T-E
FXP
   1.KIM/TKTNG MR
 1   ICN SQ  603 Q 15MAR 0010  OK QLAPKR3M       15MAR15MAR 30K
 2 O SIN SQ  608 Q 12APR 0010  OK QLAPKR3M       12APR12APR 30K
     ICN
     P KRW      430000
     N KRW      330000                     D/C    KRW     100000
FARE  F KRW      330000
TX001 X KRW      11400-YQAD TX002 X KRW     28000-BPDP TX003 X KRW     6600-OOSE
TX004 X KRW       5000-OPAE TX005 X KRW     16300-SGAD
TOTAL   KRW      397300
GRAND TOTAL KRW      397300
SEL SQ SIN195.67SQ SEL195.67NUC391.34END ROE1098.739000
SIA/N//////N/////

 10.FE NOEND/RFND.NOSHOW.CHNG FEE APP/NO PARTL RFND/50PC KF ONLY
 11.FM *M*0
 12.FP CASH+CCVIXXXXXXXXXXXX1111/1220*E00/N33334444/KRW200000
 13.FV SQ
```

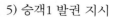

항
공
권

발
행

5) 승객1 발권 지시

```
--- TST RLR ---
RP/SELK1394Z/SELK1394Z            AA/GS  18OCT16/1340Z   5TF5ZQ
0123-3037
  1.KIM/TKTNG MR   2.LEE/RSVN MS
  3  SQ 603 Q 15MAR 3 ICNSIN HK2  0010 0600  15MAR  E  SQ/5TF5ZQ
  4  SQ 608 Q 12APR 3 SINICN HK2  0010 0745  12APR  E  SQ/5TF5ZQ
  5 AP SEL 1566-0014 - TOPAS TRAINING UNIVERSITY - A
  6 APM 010-123-3000 TOPAS TRVL
  7 TK OK18OCT/SELK1394Z
  8 TK PAX OK18OCT/SELK1394Z//ETSQ/S3-4/P1
  9 FA PAX 618-1740181739/ETSQ/18OCT16/SELK1394Z/00039911
       /S3-4/P1
 10 FB PAX 1800008960 TTP/P1/RT OK ETICKET/S3-4/P1
 11 FE PAX NOEND/RFND.NOSHOW.CHNG FEE APP/NO PARTL RFND/50PC KF
       ONLY/S3-4/P1-2
 12 FM *M*0
 13 FP CASH+CCVIXXXXXXXXXXXX1111/1220*E00/N33334444/KRW200000/P1
 14 FV PAX SQ/S3-4/P1-2
```

6) 항공권 이미지 확인 - 승객 1

```
TKT-6181740181739         RCI-                 1A LOC-5TF5ZQ
 OD-SELSEL  SI-     FCMI-1   POI-SEL  DOI-18OCT16  IOI-00039911
   1.KIM/TKTNG MR             ADT        ST  N
 1 O ICNSIN    SQ   603 Q 15MAR 0010 OK O     QLAPKR3M
                                              15MAR 15MAR 30K
 2 O SINICN    SQ   608 Q 12APR 0010 OK O     QLAPKR3M
                                              12APR 12APR 30K
FARE   N KRW      330000    P KRW      430000
TOTALTAX KRW       67300
TOTAL    KRW      397300    KRW       497300
/FC SEL SQ SIN195.67SQ SEL195.67NUC391.34END ROE1098.739000
FE NOEND/RFND.NOSHOW.CHNG FEE APP/NO PARTL RFND/50PC KF ONLY
FP CASH+CCVIXXXXXXXXXXXX1111/1220/KRW200000
NON-ENDORSABLE
FOR TAX/FEE DETAILS USE TWD/TAX
NET REPORTING IT/BT
```

사 례 **3**

조건: 예약 후 당일 발권 예정, 전 구간 적합한 BOOKING CLASS 준수,
　　　전화번호 임의 지정
승객명 : 성인, 소아(여아, 2009년 1월 1일생)
여정 : 1/01 SEL/SIN KE 항공 이용
　　　1/23 SIN/SEL KE 항공 이용
지불 수단 : VI44443333322221111 유효기간 2020년 3월
　　　　　3개월 할부 승인번호 11112222
　　　　　NO-COMM

1) PNR 조회

```
--- RLR ---
RP/SELK1394Z/SELK1394Z            AA/GS  18OCT16/1354Z   5TF6RP
0123-3038
  1.JUNG/HJMS   2.HAN/JJMISS(CHD/01JAN09)
  3  KE 643 E 01JAN 7 ICNSIN HK2  1420 1955  01JAN  E  KE/5TF6RP
  4  KE 642 E 23JAN 1 SINICN HK2  0130 0840  23JAN  E  KE/5TF6RP
  5 AP SEL 1566-0014 - TOPAS TRAINING UNIVERSITY - A
  6 APM 010-123-3000 TOPAS TRVL
  7 TK OK18OCT/SELK1394Z
  8 SSR CHLD KE HK1 01JAN09/P2
  9 SSR CHML KE HN2/S3/P1-2
 10 SSR CHML KE HN2/S4/P1-2
 11 OPW SELK1394Z-31OCT:1900/1C7/KE REQUIRES TICKET ON OR BEFORE
        01NOV:1900/S3-4
 12 OPC SELK1394Z-01NOV:1900/1C8/KE CANCELLATION DUE TO NO
        TICKET/S3-4
```

2) 운임 산출 및 TST 생성

```
   PASSENGER          PTC   NP  FARE<KRW> TAX/FEE   PER PSGR
01 JUNG/HJMS          ADT    1    810000    55900     865900
02 HAN/JJMISS         CH     1    607500    55900     663400


                     TOTALS  2   1417500   111800    1529300

1-2 LAST TKT DTE 21OCT16/23:59 LT in POS - SEE ADV PURCHASE
1-2 100000 KRW PENALTY APPLIES
>                                                PAGE  2/ 2
```

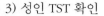

항공권 발행

3) 성인 TST 확인

```
TST00001     SELK1394Z AA/18OCT I 0 LD 21OCT16 2359  OD SELSEL
T-
FXP
   1.JUNG/HJMS
 1   ICN KE  643 E 01JAN 1420   OK EHEKS            01JUL 1PC
 2 O SIN KE  642 E 23JAN 0130   OK EHEKS            01JUL 1PC
     ICN
FARE  F KRW      810000
TX001 X KRW     28000-BPDP TX002 X KRW      6600-OOSE TX003 X KRW      5000-OPAE
TX004 X KRW     16300-SGAD
TOTAL    KRW     865900
GRAND TOTAL KRW       865900
SEL KE SIN368.60KE SEL368.60NUC737.20END ROE1098.739000

 13.FE NONENDS. RISS CHRG APPLY-KRW70000. RFND PNTY APPLY-KRW100
000. NO MILE UG.
 15.FV KE
```

4) 소아 TST 확인

```
TST00002     SELK1394Z AA/18OCT I 0 LD 21OCT16 2359  OD SELSEL
T-
FXP
   2.HAN/JJMISS(CHD/01JAN09)
 1   ICN KE  643 E 01JAN 1420   OK EHEKS    CH25    01JUL 1PC
 2 O SIN KE  642 E 23JAN 0130   OK EHEKS    CH25    01JUL 1PC
     ICN
FARE  F KRW      607500
TX001 X KRW     28000-BPDP TX002 X KRW      6600-OOSE TX003 X KRW      5000-OPAE
TX004 X KRW     16300-SGAD
TOTAL    KRW     663400
GRAND TOTAL KRW       663400
SEL KE SIN276.45KE SEL276.45NUC552.90END ROE1098.739000

 14.FE NONENDS. RISS CHRG APPLY-KRW70000. RFND PNTY APPLY-KRW100
000. NO MILE UG.
 16.FV KE
```

5) Commission, 지불수단 입력

```
--- TST RLR ---
RP/SELK1394Z/SELK1394Z                    AA/GS  18OCT16/1405Z    5TF6RP
0123-3038
  1.JUNG/HJMS    2.HAN/JJMISS(CHD/01JAN09)
  3  KE 643 E 01JAN 7 ICNSIN HK2  1420 1955   01JAN  E  KE/5TF6RP
  4  KE 642 E 23JAN 1 SINICN HK2  0130 0840   23JAN  E  KE/5TF6RP
  5 AP SEL 1566-0014 - TOPAS TRAINING UNIVERSITY - A
  6 APM 010-123-3000 TOPAS TRVL
  7 TK OK18OCT/SELK1394Z
  8 SSR CHLD KE HK1 01JAN09/P2
  9 SSR CHML KE HN2/S3/P1-2
 10 SSR CHML KE HN2/S4/P1-2
 11 OPW SELK1394Z-20OCT:1900/1C7/KE REQUIRES TICKET ON OR BEFORE
       21OCT:1900/S3-4
 12 OPC SELK1394Z-21OCT:1900/1C8/KE CANCELLATION DUE TO NO
       TICKET/S3-4
 13 FE PAX NONENDS. RISS CHRG APPLY-KRW70000. RFND PNTY
       APPLY-KRW100000. NO MILE UG./S3-4/P1
 14 FE PAX NONENDS. RISS CHRG APPLY-KRW70000. RFND PNTY
       APPLY-KRW100000. NO MILE UG./S3-4/P2
 15 FM *M*0
 16 FP CCVIXXXXXXXXXXXX1111/0320*E03/N11112222
 17 FV PAX KE/S3-4/P1
```

6) 항공권 발권

```
--- TST RLR ---
RP/SELK1394Z/SELK1394Z                    AA/GS  18OCT16/1408Z    5TF6RP
0123-3038
  1.JUNG/HJMS    2.HAN/JJMISS(CHD/01JAN09)
  3  KE 643 E 01JAN 7 ICNSIN HK2  1420 1955   01JAN  E  KE/5TF6RP
  4  KE 642 E 23JAN 1 SINICN HK2  0130 0840   23JAN  E  KE/5TF6RP
  5 AP SEL 1566-0014 - TOPAS TRAINING UNIVERSITY - A
  6 APM 010-123-3000 TOPAS TRVL
  7 TK PAX OK18OCT/SELK1394Z//ETKE/S3-4/P1-2
  8 SSR CHLD KE HK1 01JAN09/P2
  9 SSR CHML KE HN2/S3/P1-2
 10 SSR CHML KE HN2/S4/P1-2
 11 FA PAX 180-1740181740/ETKE/KRW865900/18OCT16/SELK1394Z/00039
       911/S3-4/P1
 12 FA PAX 180-1740181741/ETKE/KRW663400/18OCT16/SELK1394Z/00039
       911/S3-4/P2
 13 FB PAX 1800008961 TTP/RT OK ETICKET/S3-4/P1
 14 FB PAX 1800008962 TTP/RT OK ETICKET/S3-4/P2
 15 FE PAX NONENDS. RISS CHRG APPLY-KRW70000. RFND PNTY
       APPLY-KRW100000. NO MILE UG./S3-4/P1
 16 FE PAX *M*NONENDS. RISS CHRG APPLY-KRW70000. RFND PNTY
       APPLY-KRW100000. NO MILE UG. DOB01JAN09/S3-4/P2
 17 FM *M*0
```

7) 항공권 이미지 확인 -소아승객

```
TKT-1801740181741          RCI-                    1A LOC-5TF6RP
 OD-SELSEL  SI-      FCMI-0   POI-SEL  DOI-18OCT16  IOI-00039911
   1.HAN/JJMISS                  CHD       ST  N
 1 O ICNSIN     KE    643 E 01JAN 1420 OK O      EHEKS/CH25
                                                    01JUL 1PC
 2 O SINICN     KE    642 E 23JAN 0130 OK O      EHEKS/CH25
                                                    01JUL 1PC

 FARE    F KRW      607500
 TOTALTAX KRW        55900
 TOTAL     KRW      663400
 /FC SEL KE SIN276.45KE SEL276.45NUC552.90END ROE1098.739000
 FE NONENDS. RISS CHRG APPLY-KRW70000. RFND PNTY APPLY-KRW100000.
  NO MILEUG. DOB01JAN09
 FP CCVIXXXXXXXXXXXX1111/0320
 NON-ENDORSABLE
 FOR TAX/FEE DETAILS USE TWD/TAX
```

CHAPTER 07

Revalidation 및 발권내역 관리

01 ✈ Revalidation의 이해 (HE REVALIDATION)

1. 여정변경과 Revalidation

1) Revalidation이란?

항공권 발권 후 승객이 탑승일자나 편명 등을 변경함으로써 발생하는 여정의 변경내용을 발권 항공권의 Electronic Ticket Data Base에 반영하여 일치시키는 작업이다. 항공사마다 허용여부가 상이하므로 상황에 맞게 처리하면 된다.

2) Revalidation의 허용범위

① 운임의 변화가 없는 범위 내에서의 여정 변경만 가능하다 (일자 혹은 편명변경).

② 첫 번째 Coupon의 예약변경 시는 운임변동, 예약변경 허용 유무와 관계없이 재발행처리한다.

③ 첫 번째 Coupon을 제외한 나머지 Coupon은 최소/최대 체류일 내에서 처리
한다.

④ 이름. 운임, Tax, 항공사가 동일하여야 한다.

⑤ Coupon의 Status가 Open⁽ᴼ⁾ 또는 Airport Control⁽ᴬ⁾ 상태여야 한다.

2. Revalidation의 진행절차

① 항공사의 허용여부 확인한다.

② PNR의 여정 변경후 저장한다.

③ E-Ticket 이미지를 확인한다.

④ 운임의 Penalty 규정을 확인한다.

⑤ 일치시킬 PNR의 구간번호와 FA의 Line번호 E-Ticket의 Coupon번호를 지정하
여 Revalidation을 진행한다.

3. Revalidation 적용 사례

사례 복편 KE 구간의 여행일자를 12/20 → 12/25로 변경 요청

① 항공사의 허용여부 확인한다.

```
HEETTKE
```

```
                        KE E-TICKET          EN   4DEC15 1000Z

MARKET                                       REFERENCE
------                                       ---------

JP ES FR IN NO SG SE TH GB IT NL SK IE NZ CH TW TR  MS22
AU BE DK MY PH CA CZ HK LU MH MP PW GU HU FM ID MO
AD GF GP MQ RE IS SC SI MX BR RU HR CY PT EG FI MN
QA OM BH AE UA PE MT CL BO KE KZ KG CO NG ZA LK EE
LT LV RO BG AR NP EC PA CR CR KR IL PL JO KW LS SZ
ZA GE AZ
```

MS22 → MD

```
                        KE E-TICKET           EN   4DEC15 1000Z
COMPANION FARES ALLOWED   :N   E INDICATOR WITH PNR CLAIM   :N

FOR INTERLINE AGREEMENTS PLEASE REFER TO TGAD-KE
FOPS NOT ALLOWED: NONE


EXCHANGES ALLOWED:      E-TKT TO E-TKT:Y
                       E-TKT TO PAPER:N
                       PAPER TO E-TKT:N
DISPLAY :              /ORG: Y    /TVL: Y
                       /FTI: Y    /FLT: Y
                       /FOP: Y    /RCI: Y
                       /TKT: Y    /FOID: N


HISTORY               :N    REVALIDATION            :Y
PRINT                 :N    REFUND                  :Y
VOID                  :Y    VOID EXCHANGE/REISSUE   :Y
CANCEL REFUND         :Y
```

☞ KE항공사는 한국(KR)에서 Revalidation이 "Y"로 표시되어 있다.

② PNR의 여정 변경후 저장한다

RT0123-3031

```
--- TST RLR ---
RP/SELK1394Z/SELK1394Z          AA/GS   16OCT16/1159Z   5TEBXX
0123-3031
  1.JUNG/KOREA MS
  2  KE 603 E 01DEC 4 ICNHKG HK1  0825 1120   01DEC   E   KE/5TEBXX
  3  KE 608 E 20DEC 2 HKGICN HK1  0055 0520   20DEC   E   KE/5TEBXX
  4 AP SEL 1566-0014 - TOPAS TRAINING UNIVERSITY - A
```

```
    5 APE JANE2001KRKR@NAVER.COM
    6 APM 010-123-3000 TOPAS
    7 TK OK16OCT/SELK1394Z//ETKE
    8 FA PAX 180-1740180611/ETKE/KRW555200/16OCT16/SELK1394Z/00039
         911/S2-3
    9 FB PAX 1600008778 TTP/RT OK ETICKET/S2-3
   10 FE PAX NONENDS. RISS CHRG APPLY. RFND PNTY APPLY. NO MILE
         UG./S2-3
   11 FM *M*0
   12 FP CASH
   13 FV PAX KE/S2-3
```

• 여정변경 및 저장

SB25DEC3

```
   --- TST RLR ---
   RP/SELK1394Z/SELK1394Z              AA/SU  19OCT16/0117Z   5TEBXX
   0123-3031
     1.JUNG/KOREA MS
     2  KE 603 E 01DEC 4 ICNHKG HK1  0825 1120   01DEC   E  KE/5TEBXX
     3  KE 608 E 25DEC 7 HKGICN HK1  0055 0520   25DEC   E  KE/5TEBXX
     4 AP SEL 1566-0014 - TOPAS TRAINING UNIVERSITY - A
     5 APE JANE2001KRKR@NAVER.COM
     6 APM 010-123-3000 TOPAS
     7 TK OK16OCT/SELK1394Z//ETKE
     8 OPW SELK1394Z-01NOV:1900/1C7/KE REQUIRES TICKET ON OR BEFORE
          02NOV:1900/S3
     9 OPC SELK1394Z-02NOV:1900/1C8/KE CANCELLATION DUE TO NO
          TICKET/S3
    10 FA PAX 180-1740180611/ETKE/KRW555200/16OCT16/SELK1394Z/00039
          911/S2
    11 FB PAX 1600008778 TTP/RT OK ETICKET/S2
    12 FE PAX NONENDS. RISS CHRG APPLY. RFND PNTY APPLY. NO MILE
          UG./S2
    13 FM *M*0
    14 FP CASH
    15 FV PAX KE/S2
```

③ E-Ticket 이미지를 확인한다.

```
TWD/L10
```

```
TKT-1801740180611        RCI-                1A LOC-5TEBXX
  OD-SELSEL  SI-       FCMI-0   POI-SEL  DOI-16OCT16  IOI-00039911
    1.JUNG/KOREA MS              ADT       ST  N
  1 O ICNHKG     KE    603 E 01DEC 0825 OK O     EKEKS
                                                    01JUN 1PC
  2 O HKGICN     KE    608 E 20DEC 0055 OK O     EKEKS
                                                    01JUN 1PC
  FARE   F KRW       496400
  TOTALTAX KRW        58800
  TOTAL    KRW       555200
  /FC SEL KE HKG222.98KE SEL Q5.80 222.98NUC451.76END ROE1098.7390
  00
  FE NONENDS. RISS CHRG APPLY. RFND PNTY APPLY. NO MILE UG.
  FP CASH
  NON-ENDORSABLE
  FOR TAX/FEE DETAILS USE TWD/TAX
```

☞ Ticket 이미지에는 변경 날짜가 미반영된 것을 확인할 수 있다.

④ 운임의 Penalty 규정을 확인한다.

```
FQDSELHKG/D01DEC/AKE/IL,X
```

```
FQDSELHKG/D01DEC/AKE/IL,X
MORE FARES AVAIL IN USD
ROE 1098.739 UP TO 100.00 KRW
01DEC16**01DEC16/KE SELHKG/NSP;EH/TPM  1295/MPM  1554
LN FARE BASIS    OW    KRW RT  B PEN  DATES/DAYS    AP MIN MAX R
01 EKEKS              490000 E  +  S01DEC  22DEC+  + -  6M R
02 HKEKS              550000 H  +  S01DEC  22DEC   - -  6M R
03 MKEKS              620000 M  +  S01DEC  22DEC   - - 12M R
04 MKEKS1             651600 M  +  S01DEC  22DEC   - - 12M M
05 MSDRTKE            708500 M  +    -      -    + - 12M R
06 BKEKS              720000 B  +  S01DEC  22DEC   - - 12M R
07 MKOWKS     360000         M  +  S01DEC  22DEC   - -  - R
08 MSOWSC     389700         M  +    -      -    + -  - M
09 MSDOWKE    389700         M  +    -      -    + -  - R
```

• 해당 운임의 Penalty 규정을 조회한다.

FQN1//PE

```
CHANGES

    ANY TIME
        CHANGES PERMITTED FOR REVALIDATION.
        CHARGE KRW 50000 FOR REISSUE.
        CHILD/INFANT DISCOUNTS APPLY.
        WAIVED FOR DEATH OF PASSENGER OR FAMILY MEMBER.
            NOTE -
            1/ CHANGES ONLY PERMITTED TO BOOKING CLASS OF
               EQUIVALENT OR HIGHER HIERARCHY.
               APPLICABLE FARE DIFFERENCE AND REISSUE CHARGE
               MUST BE COLLECTED.
            2/ REISSUE CHARGE DOES NOT APPLY FOR CHANGES TO
               SECTORS SOLELY WITHIN KOREA.
            3/ IN CASE OF COMBINATION OF FARES THE MOST
```

☞ 변경 수수료 없이 Revalidation이 가능하다.

⑤ 일치시킬 PNR의 구간번호와 FA의 Line번호 E-Ticket의 Coupon번호를 지정하여 Revalidation을 진행한다.

TTP/ETRV/S3/L10/E2

```
--- TST RLR ---
RP/SELK1394Z/SELK1394Z          AA/SU  19OCT16/0117Z    5TEBXX
0123-3031
  1.JUNG/KOREA MS
  2  KE 603 E 01DEC 4 ICNHKG HK1  0825 1120  01DEC  E  KE/5TEBXX
  3  KE 608 E 25DEC 7 HKGICN HK1  0055 0520  25DEC  E  KE/5TEBXX
  4 AP SEL 1566-0014 - TOPAS TRAINING UNIVERSITY - A
  5 APE JANE2001KRKR@NAVER.COM
  6 APM 010-123-3000 TOPAS
  7 TK OK16OCT/SELK1394Z//ETKE
  8 OPW SELK1394Z-01NOV:1900/1C7/KE REQUIRES TICKET ON OR BEFORE
        02NOV:1900/S3
  9 OPC SELK1394Z-02NOV:1900/1C8/KE CANCELLATION DUE TO NO
        TICKET/S3
 10 FA PAX 180-1740180611/ETKE/KRW555200/16OCT16/SELK1394Z/00039
        911/S2
 11 FB PAX 1600008778 TTP/RT OK ETICKET/S2
 12 FE PAX NONENDS. RISS CHRG APPLY. RFND PNTY APPLY. NO MILE
        UG./S2
```

☞ S(Seg 구간)3번째 , L(FA Line번호)10번을 나타낸다.

```
TKT-1801740180611         RCI-                     1A LOC-5TEBXX
  OD-SELSEL  SI-       FCMI-0   POI-SEL  DOI-16OCT16  IOI-00039911
    1.JUNG/KOREA MS                 ADT        ST  N
  1 O ICNHKG      KE    603 E 01DEC 0825 OK O      EKEKS
                                                      01JUN 1PC
  2 O HKGICN      KE    608 E 20DEC 0055 OK O      EKEKS
                                                      01JUN 1PC
  FARE   F KRW        496400
  TOTALTAX KRW          58800
  TOTAL    KRW         555200
  /FC SEL KE HKG222.98KE SEL Q5.80 222.98NUC451.76END ROE1098.7390
  00
```

☞ E(E-Ticket)이미지 상의 Coupon번호 2번을 나타낸다.

• 수행화면

```
>  TTP/ETRV/S3/L10/E2

OK PROCESSED - 5TEBXX
```

• 확인

```
TKT-1801740180611         RCI-                     1A LOC-5TEBXX
  OD-SELSEL  SI-       FCMI-0   POI-SEL  DOI-16OCT16  IOI-00039911
    1.JUNG/KOREA MS                 ADT        ST  N
  1 O ICNHKG      KE    603 E 01DEC 0825 OK O      EKEKS
                                                      01JUN 1PC
  2 O HKGICN      KE    608 E 25DEC 0055 OK O      EKEKS
                                                      01JUN 1PC
  FARE   F KRW        496400
  TOTALTAX KRW          58800
  TOTAL    KRW         555200
  /FC SEL KE HKG222.98KE SEL Q5.80 222.98NUC451.76END ROE1098.7390
  00
```

☞ PNR과 E-Ticket 이미지가 일치되었다.

판매보고

1. Sales Report 조회

해당 점소에서 발권된 모든 내역을 조회할 수 있는 기능이다.

1) Daily Sales Report 기본조회 지시어

```
TJQ
```

```
AGY NO - 00039911          QUERY REPORT 19OCT            CURRENCY KRW
OFFICE - SELK1394Z         SELECTION:
AGENT  - 1446AA                                          19 OCT 2016
------------------------------------------------------------------------
SEQ NO A/L DOC NUMBER TOTAL DOC    TAX    FEE   COMM    AGENT FP   NAME AS TRNC
------------------------------------------------------------------------
008508 180 1740181792    555400  59000     0      0        0 CC HAN/KSM AA TKTT
008509 180 1740181793    555400  59000     0      0   555400 CA JUNG/KO AA TKTT
```

• Header 부분 설명

1	AGY NO-00039911	해당 여행사의 IATA No
2	QUERY REPORT 19OCT	Report Name과 날짜
3	CURRENCY KRW	통화 코드 KRW
4	OFFICE	해당 Office ID
5	SELECTION	Selection Option
6	AGENT-1445AA	Agent Sign
7	19OCT2016	조회 당일 일자

• 금일 기준 해당일 발권 또는 환불한 모든 항공권 리스트가 보인다.

```
AGY NO - 00039911          QUERY REPORT 19OCT          CURRENCY KRW
OFFICE - SELK1394Z         SELECTION:
AGENT  - 1446AA                                         19 OCT 2016
---------------------------------------------------------------------
SEQ NO A/L DOC NUMBER TOTAL DOC    TAX    FEE   COMM   AGENT FP    NAME AS TRNC

008508 180 1740181792    555400  59000     0     0        0 CC HAN/KSM AA TKTT
008509 180 1740181793    555400  59000     0     0   555400 CA JUNG/KO AA TKTT
```

1	SEQ NO	Sequence 번호
2	A/L	해당 항공사의 3자리 항공권번호
3	DOC NUMBER	항공권 번호 10자리
4	TAX	세금
5	FEE	Fee
6	COMM	Commission
7	AGENT	Commission을 제외한 현금금액(TAX제외)
8	FP	Form Of Payment 지불수단
9	Name	승객 이름
10	AS TRNC	Transaction Type Code

참고

Transaction Type Code

• CANX : 당일 발권 후 취소 시

• TKTT : E-Ticket 발권시

2) 응용 지시어

1	TJQ/D-01NOV	특정날짜 지정 조회
2	TJQ/D-01NOV15NOV	특정날짜기간 지정 조회
3	TJQ/QTC-TKTT	특정 Transaction Code로 조회

2. 지불수단별 Summary Report

TJD

```
AGY NO - 00039911        DAILY REPORT 19OCT        CURRENCY KRW
OFFICE - SELK1394Z
AGENT  - 1446AA                                     19 OCT 2016
-------------------------------------------------------------------
PAYMENTS X DOCUM            SALES           REFUNDS        BALANCE
-------------------------------------------------------------------
FARE    AMOUNT CA          496400              0           496400
TAX     AMOUNT CA           59000              0            59000
FEE     AMOUNT CA               0              0                0
DOC     AMOUNT CA          555400              0           555400

FARE    AMOUNT CC          496400              0           496400
TAX     AMOUNT CC           59000              0            59000
FEE     AMOUNT CC               0              0                0
DOC     AMOUNT CC          555400              0           555400

FARE    AMOUNT TOT         992800              0           992800
TAX     AMOUNT TOT         118000              0           118000
FEE     AMOUNT TOT              0              0                0
DOC     AMOUNT TOT        1110800              0          1110800
COMM    AMOUNT TOT              0              0                0
VAT     AMOUNT TOT              0              0                0
```

```
FORM OF PAYMENTS          SALES         REFUNDS        BALANCE
CA/CASH                  555400              0         555400
CC/CCVI                  555400              0         555400
-------------------------------------------------------------------
DOCUMENT VOLUME     ISSUED  CANCELLED       SOLD    AMT DOC SOLD
ELECTRONIC              2          0          2         1110800
```

• 부분별 설명

1	DAILY REPORT 19OCT	조회 날짜
2	SALES	판매금액
3	REFUNDS	환불금액
4	BALANCE	판매금액과 환불금액의 차이
5	CA	현금
6	CC	신용카드
7	TOT	현금과 신용카드의 총금액
8	FORM OF PAYMENTS	지불수단별 구분
9	DOCUMENT VOLUME	Document Type별 구분

3. Sales Close

현재 한국에서는 System에서 자동으로 1일 한번씩 이루어진다.

4. Sales Report Print

TJP

☞ 조회된 Report 출력

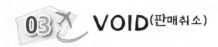

VOID(판매취소)

1. VOID란?

발권이후 승객이 판매취소를 요구하는 경우, 혹은 발권자의 실수로 발권오류가 발생한 경우 해당 판매내역을 취소하는 기능이다.

2. VOID의 조건

1) Sale이 마감되기 전에만 가능하다.

- TJQ 화면상에 SEQ 번호 뒤에 Blank로 되어있을 경우가 Sale 마감 전이다.
- "*"가 보이는 경우는 Sales가 마감되어 Void가 불가능하다.

3. TJQ(Query Report)에서의 Void 및 Void 취소

1) TJQ에서의 Void

```
TJQ
```

```
AGY NO - 00039911          QUERY REPORT 19OCT              CURRENCY KRW
OFFICE - SELK1394Z         SELECTION:
AGENT  - 1446AA                                             19 OCT 2016
-----------------------------------------------------------------------

SEQ NO A/L DOC NUMBER TOTAL DOC    TAX    FEE   COMM   AGENT FP   NAME AS TRNC
-----------------------------------------------------------------------

008508 180 1740181792    555400   59000     0      0        0 CC HAN/KSM AA TKTT
008509 180 1740181793    555400   59000     0      0   555400 CA JUNG/KO AA TKTT
```

• SEQ NO을 이용한 Void

TRDC/008509

```
>  TRDC/008509

OK - DOCUMENT(S) CANCELLED
```

TJQ

```
AGY NO - 00039911        QUERY REPORT 19OCT          CURRENCY KRW
OFFICE - SELK1394Z        SELECTION:
AGENT  - 1446AA                                       19 OCT 2016
-----------------------------------------------------------------------
SEQ NO A/L DOC NUMBER TOTAL DOC    TAX   FEE  COMM   AGENT FP    NAME AS TRNC
-----------------------------------------------------------------------
008508 180 1740181792   555400   59000    0     0      0 CC HAN/KSM AA TKTT
008509 180 1740181793   555400   59000    0     0 555400 CA JUNG/KO AA CANX
```

• Ticket 번호를 이용한 Void 방법

TRDC/TK-1740181792

☞ 항공사 번호 3자리를 뺀 10자리 항공권 번호를 입력한다.

```
>  TRDC/TK-1740181792

OK - DOCUMENT(S) CANCELLED
```

4. PNR상에서의 Void

1) PNR조회

```
--- TST RLR ---
RP/SELK1394Z/SELK1394Z              AA/GS  18OCT16/1204Z    5TFYOU
0123-3034
  1.KIM/BALKWON MR   2.KIM/YEYAK MSTR(CHD/01JAN10)
  3  KE 657 E 01NOV 2 ICNBKK HK2  0900 1300  01NOV  E  KE/5TFYOU
  4  KE 660 E 20NOV 7 BKKICN HK2  0950 1710  20NOV  E  KE/5TFYOU
  5 AP SEL 1566-0014 - TOPAS TRAINING UNIVERSITY - A
  6 APM 010-123-3000 TOPAS
  7 TK PAX OK18OCT/SELK1394Z//ETKE/S3-4/P1-2
  8 SSR CHLD KE HK1 01JAN10/P2
  9 SSR CHML KE HN1/S3/P2
 10 SSR CHML KE HN1/S4/P2
 11 FA PAX 180-1740181736/ETKE/KRW703100/18OCT16/SELK1394Z/00039
       911/S3-4/P1
 12 FA PAX 180-1740181737/ETKE/KRW540600/18OCT16/SELK1394Z/00039
       911/S3-4/P2
 13 FB PAX 1800008957 TTP/RT OK ETICKET/S3-4/P1
 14 FB PAX 1800008958 TTP/RT OK ETICKET/S3-4/P2
 15 FE PAX NONENDS. RISS CHRG APPLY-KRW70000. RFND PNTY
       APPLY-KRW100000. NO MILE UG./S3-4/P1
 16 FE PAX *M*NONENDS. RISS CHRG APPLY-KRW70000. RFND PNTY
       APPLY-KRW100000. NO MILE UG. DOB01JAN09/S3-4/P2
 17 FM *M*0
```

• 해당 항공권 Void

TRDC/L11

```
>  TRDC/L11

OK - DOCUMENT(S) CANCELLED
```

RT

```
--- TST RLR ---
RP/SELK1394Z/SELK1394Z              AA/SU   19OCT16/0243Z    5TFYOU
0123-3034
  1.KIM/BALKWON MR   2.KIM/YEYAK MSTR(CHD/01JAN10)
  3  KE 657 E 01NOV 2 ICNBKK HK2   0900 1300  01NOV E  KE/5TFYOU
  4  KE 660 E 20NOV 7 BKKICN HK2   0950 1710  20NOV E  KE/5TFYOU
  5 AP SEL 1566-0014 - TOPAS TRAINING UNIVERSITY - A
  6 APM 010-123-3000 TOPAS
  7 TK PAX OK18OCT/SELK1394Z//ETKE/S3-4/P1-2
  8 SSR CHLD KE HK1 01JAN10/P2
  9 SSR CHML KE HN1/S3/P2
 10 SSR CHML KE HN1/S4/P2
 11 FA PAX 180-1740181737/ETKE/KRW540600/18OCT16/SELK1394Z/00039
       911/S3-4/P2
 12 FA PAX 180-1740181736/EVKE/KRW703100/18OCT16/SELK1394Z/00039
       911/S3-4/P1
 13 FB PAX 1800008957 TTP/RT OK ETICKET/S3-4/P1
 14 FB PAX 1800008958 TTP/RT OK ETICKET/S3-4/P2
```

☞ 위와 같이 ETKE가 → EVKE로 Void되었음을 나타낸다.

 Refund(환불)(HE REFUND)

1. 환불(Refund)이란?

승객이 발권된 항공권의 전부 혹은 일부를 미 사용했거나 항공권상 표시된 서비스를 제공받지 못한 부분에 대하여 운임을 반환 처리하는 것을 의미한다.

1) 환불 기본조건

① Coupon Status는 'O'(Open for Use)인 경우 환불가능하다.

② Coupon Status가 'A'(Airport Control)인 경우 환불가능하다.

　단, 항공사별로 환불 가능 여부가 상이하다.

③ 환불 시 해당 항공권의 Open 상태의 모든 Coupon이 동시에 환불 처리된다(일
부 Coupne선택은 불가).

④ 판매 완료된 항공권만이 환불이 가능하다.

2) 환불의 종류

- 전체환불
- 일부 미사용구간 환불
- Tax만 환불

3) 전체 환불

① 사용범위

- 전체 미사용 티켓에 사용 가능
- 부분 사용 티켓이나 NO-ADC 재발행 티켓은 사용 불가
- 환불 시행 후 반드시 환불 패널을 열어 환불 실행 내역을 확인한다.

② 종류별 환불방법

항공권번호를 이용한 방법

- 항공권 이미지 조회 후 시행한다.

1	전체 환불	TRF180-1234567890/FULL
2	Penalty 50000적용	TRF180-1234567890/FULL/CP50000A

 PNR 이용 방법

• PNR 조회 후 시행한다.

1	전체 환불	TRF/L11/FULL
2	Penalty 50000적용	TRF/L11/FULL/CP50000A

 Sales Report 이용 방법

• TJQ 조회 후 시행한다.

1	전체 환불	TRF/I-56/FULL
2	Penalty 50000적용	TRF/I-56/FULL/CP50000A

CHAPTER
08

종합 문제

01 종합문제

01 다음 중 통화규정에 대한 설명으로 틀린것을 고르시오.

① 국제선 항공운임은 항공권 출발일을 기준으로 적용한다.

② ROE는 항공권 발행일을 기준을 적용한다.

③ NUC 표기시, 계산 결과가 NUC 452.7698인 경우 NUC 452.77
로 기재해야 한다.

④ KRW 표기시, 계산 결과가는 KRW 150204인 경우 KRW 150300
으로 기재한다.

02 다음 중 할인운임에 대한 설명으로 틀린 것을 고르시오.

① 비동반 소아 운송은 만5세 이상부터 가능하다.

② 선원 할인운임은(SC) 왕복여정인 경우에도 적용 가능하다.

③ 미주행 학생운임은 별도의 나이 제한 규정이 없다.

④ CHILD의 무료수하물 허용량은 성인과 동일하다.

03 다음 중 항공지리상 AREA가 다른 국가를 고르시오.

① INDONESIA

② INDIA

③ UZBEKISTAN

④ MONGOLIA

04 다음 중 항공지리상 유럽에 속하지 않는 곳을 고르시오.

① POLAND

② TURKEY

③ MOROCCO

④ EGYPT

05 다음 여정의 여정지표(GI)를 고르시오.

BKK/SEL/TYO/SFO

① PA   ② AT   ③ AP   ④ TS   ⑤ EH

06 다음 여정의 여정지표(GI)를 고르시오.

SEL/MOW/PAR

① PA   ② AT   ③ AP   ④ TS   ⑤ EH

07 다음 여정의 여정지표(GI)를 고르시오.

SEL/HKG/FRA

① TS   ② EH   ③ FE   ④ RU   ⑤ AT

08 다음 여정의 STOPOVER의 횟수는?

SEL

X/ROM

PAR

X

ROM

FRA –

① 없음   ② 1회   ③ 2회   ④ 3회

09 다음 중 왕복여정(RT)에 해당하는 것을 고르시오.

① SEL

SYD−1244.69

  X

BNE

SEL−1244.69

－－－－－－－－－－－－

② SEL

TYO−261.02

PUS−227.03

－－－－－－－－－－－－

③ SEL

PAR

  M

NCE−1262.37

LON−352.40

－－－－－－－－－－－－

④ SEL

HKG

BKK M

SIN−645.03

SEL−645.03

－－－－－－－－－－－－

HKG X

BKK Q 4.23

－－－－－－－－－－－－

10 다음 중 운임의 방향 및 선택을 잘못 적용한 것은?

① OSA

LON − ↓ 1/2RT

X

GLA −

LON ↓ 1/2RT

SEL

② SEL

OSA − ↓1/2RT

HKG − ↓1/2RT

SEL − ↑1/2RT

③ TYO

SEL − ↓OW

X

PUS

SYD − ↓OW

OSA − ↑OW

11 다음 중 세계일주여정(RTW)에 해당하는 것을 고르시오.

① OUTBOUND 여정과 INBOUND 여정의 요금이 동일하다.

② 태평양과 인도양을 모두 횡단해야 한다.

③ PAR/NYC/SEL/TYO/NYC/PAR

④ 여정의 연속성이 중단된 형태이다.

12 다음 (   ) 안에 들어갈 용어를 순서대로 나열 한 것은?

운임계산을 위해 여러 통화와의 환차를 감안하여 만들어 놓은 가상의 중립적인 통화단위를 (   )이라 하고 이 통화와 출발지국 통화와의 환율을 (   ) 라 한다.

① KRW, ROE   ② ROE, KRW

③ NUC, ROE   ④ ROE, NUC

13 북미 ROUTING적용 항공사인 AA의(미주내 구간) BOOKING CLASS를 고르시오.

① N   ② W   ③ K   ④ I

14 다음 여정을 조건에 맞는 가장 저렴한 방법으로 계산한 후 TOTAL NUC
를 정답칸에 적으시오.

> (오늘 출발, 20일 체류, ECONOMY CLS, KE FARE, FUEL Q 포함)

SEL

HKG

TPE

BKK

SEL

– – – – – – –

15 다음 여정을 계산한 후 TOTAL NUC를 정답 칸에 적으시오.

> (Y NORMANL, YY FARE, 오늘 출발, FUEL Q제외)

SEL

LON–

GLA

FRA

SEL

– – – – – – – – – – – – –

16 다음 여정을 계산한 후 TOTAL NUC를 정답 칸에 적으시오.

(Y NORMAL, YY FARE, 오늘 출발, FUEL Q제외)

SEL

SIN

PAR—

BKK

SEL

—————————

17 다음 여정을 계산한 후 TOTAL NUC를 정답 칸에 적으시오.

(Y NORMAL, YY FARE, FUEL Q제외, 오늘 출발)

SEL

CAI

  X

PAR —

SEL

————————

18 다음 여정을 조건에 맞는 가장 저렴한 운임으로 계산한 후 FARE를
KRW로 정답 칸에 적으시오.

예 1500000

(체류기간: 15일, ECONOMY CLS, KE FARE, FUEL Q 포함,
오늘 출발)

　　　SEL
KE HNL
KE LAX
CO NYC
KE SEL
－－－－－－－－－－－－－－－－

02 ✈ 종합문제

※ 다음 설명 중 바른 것에는 O표, 틀린 것에는 X표 하시오.

01 IATA NORMAL FARE 적용 항공권의 유효기간은 여행개시일로부터 1년 이다.

02 Y,YOW,YRT,YO2,YX2,YIF 는 IATA NORMAL FARE이고, YLEE3M, YPX3M 은 AIRLINE SPECIAL FARE이다.

03 소아 운임은 최초 발행일 기준 만2세 이상 만12세 미만으로 성인 보호자 가 동반하는 승객이며 적용 가능한 성인 운임의 75%를 적용한다.

04 ULN (ULAANBAATAR)은 항공지리상 2지역, SUB–AREA – 유 럽–(EUROPE)으로 분류된다.

05 운임계산시 사용되는 ROE(RATE OF EXCHANGE)는 분기별 년 2회 IATA에 의해 변경되며, 6개월 동결 원칙이나 환율 및 경제수준의 큰 변 동시(예:IMF,전쟁등)에는 언제든지 변경 고지될 수 있다.

06 다음 여정의 운임적용 방향과 적용운임의 각각 종류를 적으시오.

> 예 SEL → OSA, OW 운임, RT운임, 1/2RT운임 …

SEL

TYO –

X

OSA –

PUS

――――――――

07 다음 여정의 최대허용거리(MPM)는?

여정 : SEL – HNL – IAH

08 다음 도시 중 항공 지리상 SUB-AREA 동남 아시아에 속하지 않는 도시를 고르시오.

① ULN   ② GUM

③ JKT   ④ OKA

09 다음 여정에서 TRANSFER 와 STOPOVER 횟수를 적으시오(정답 표기
는 숫자만 적으시오).

예 2/2 혹은 2,2

여정 :   SEL

X/SIN

JKT–

X/HKG

SEL

_ _ _ _ _

TRANSFER 회, STOPOVER 회

10 다음 여정에 해당하는 여정지표(GI)를 고르시오.

SEL / HKG / LAX

① EH   ② RU   ③ TS   ④ PA

11 다음 여정중 적용가능한 여정의 종류가 다른 하나를 고르시오.

① TYO/HKG/TYO

② SEL/PAR/LON/PAR/SEL

③ SEL/HKG/LAX/HKG/SEL

④ SEL/SYD/NAN/CHC

12 다음 여정의 GI(GLOBAL INDICATOR)를 적으시오.

SEL-SFO-DXB-IST

13 다음 특정구간 KE ROUTING 운임(MLEEKR)적용시 SHA-PEK 구간 적용가능한 항공사를 기재하시오.

여정 : SEL

SHA

PEK-

SEL

14 운임계산을 위해서 여러통화의 각 환차를 감안하여 만들어 놓은 가상의 통화를 (　　　　　)라 하고 이 통화와 출발지국 통화와의 환율을 (　　　　　)라 한다.

① ROE, NUC　　　　　② NUC, ROE

③ BSR, FCU　　　　　④ FCU, BSR

15 다음에서 설명하는 보완 규정은 ?

출발지에서 도중체류지점까지의 직행 왕복운임 중 가장 높은 운임을 말하는 것으로 계산된 일주여정의 전체운임은 이보다 낮아서는 안된다.

16 다음 보기중 그 기능이 다른 하나는?

① NUC   ② ROE   ③ KRW

④ JPY   ⑤ USD

종합 문제

17 다음 여정을 조건대로 계산 후 TOTAL NUC를 적으시오.

예﹜ 3434.23

> 조건: Y-CLS, YY FARE, 1년, 오늘 출발, FUEL-Q
>   (SURCHARGE)제외

SEL

AKL

SYD

―――――――――

18 다음 여정을 주어진 조건대로 계산후 TOTAL NUC를 적으시오.

예﹜ 1234.56/SINOSA

> 조건: Y CLS, 1년, 오늘 출발 , YY FARE, FUEL Q 제외

SEL

TYO

SYD

193

19 다음 여정을 주어진 조건대로 계산후 TOTAL NUC를 적으시오.

예▶ 1234.56

> 조건: Y CLS, 1년, 오늘 출발 , YY FARE (유류할증료 제외)

SEL
DXB
CAI−
LHR
PAR
SEL

20 다음 여정을 계산 후 TOTAL NUC를 적으시오.

예▶ 1112.34

> 조건 : Y−CLS, YY FARE, FUEL − Q(SURCHARGE) 제외

SEL
X/BKK
CAI
IST
TLV
ROM
− − − − − − − − − − − − − − −

21 다음 여정을 계산후 CTM 구간과 CTM 상향징수 NUC 만 적으시오.

> ※ 주의사항: 정답 입력시에 띄어쓰기나 문자가 입력시 아래 표기
> 대로 해야합니다. 그렇지 않은 경우 오답으로 자동채점 되오니
> 각별히 주의하시기 바랍니다.

예 CTM:SELBKK NUC:123.00

SEL
SYD —
BNE
SEL

22 다음 여정에 특정 항공 KE ROUTING 운임(MLEEKR)을 적용하는 경우
SIN-KUL 구간에 적용 가능한 항공사를 모두 쓰시오.

예 KE/OZ

SEL
SIN
KUL-
SIN
SEL

23 다음 여정을 계산후 TOTAL NUC를 적으시오.

> ※ 주의사항: 정답 입력시에 띄어쓰기나 문자가 입력되지 않도록 해야합니다. 그렇지 않은 경우 오답으로 자동채점 되오니 각별히 주의하시기 바랍니다.

예▶ 1234.56

> 조건: YY FARE, Y NORMAL FARE(1년), 오늘 출발

SEL

OSA

SIN−

JKT

SEL

24 출발지와 목적지간의 공시운임을 기준으로 운임을 계산하는데, 출발지와 목적지간의 운임보다 중간지점의 운임이 더 높을 수가 있다 이러한 불합리를 보완하는 규정은?

25 다음 여정을 보고 하나의 운임마디(THROUGH FARE)로 계산이 가능한지, 불가능한지 불가능하다면 그 이유를 함께 적으시오

SEL−TYO−SIN−PAR−DXB

26 특정구간 운임 조회 후 1번운임의 규정조건(RULE)을 확인하는 ENTRY 는? (FARE LINE 번호 : 1번)

27 괄호 안의 답을 기재하시오

> - 전체 발권구간거리의 합이 MPM 보다 큰 경우에 적용하는 것으로써 TOTAL (   ) 이 (   )을 초과하는 비율을 계산하여 해당 운임 마디내 적용운임을 단계별로 할증하게 된다.
> - 운임 할증율이 (   )%를 초과하는 경우에는 하나의 운임마디로 계산할 수 없다 .

03 ✈ 종합문제

01 NUC 제도 및 ROE 에 대해 기술하시오.

02 –MPX1M– 으로 발권한 승객이 2월 28일 출발했다면 항공권의 유효기간
은 3월 31일 자정까지이다.

① O   ② X

03 AD 항공권의 유효기간은 출발일로부터 3개월이다.

① O   ② X

04 학생 및 선원운임은 어떠한 경우에도 Y CLS (일반석)에만 적용 가능
하다.

① O   ② X

05 단체 할인 수혜 인원은 10명에 1명의 수혜 인원이 주어진다.

① O   ② X

06 다음 여정의 운임적용 방향과 적용운임의 종류를 적으시오.

> 예▶ 적용 방향 : 아래로 or 위로 , 적용 운임: OW 운임, RT운임,
> 1/2RT운임 …

> 예▶ SEL/TYO 아래로 OW 운임

SEL
OSA –
SIN –
SEL
– – – – – –

07 다음 여정을 주어진 조건대로 계산후 TOTAL NUC를 적으시오.

> 예▶ 1234.56

조건: Y CLS, 1년, 오늘 출발 , YY FARE

SEL
BOM
MAA –
X/BKK
SEL
– – – – – – – – –

08 다음 중 항공지리상 SUB-AREA 가 다른 도시를 고르시오.

① 이집트(EGYPT)

② 우즈베키스탄(UZBEKISTAN)

③ 수단(SUDAN)

④ 이란(IRAN)

09 다음 여정에서 TRANSFER 와 STOPOVER 횟수를 적으시오(정답 표기는 숫자만 적으시오).

예 2/2 혹은 2,2

여정 :   SEL

X/HKG

BKK

SIN

JKT-

X/BKK

SEL

————————

TRANSFER : 회

STOPOVER : 회

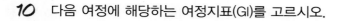

10 다음 여정에 해당하는 여정지표(GI)를 고르시오.

> SEL/NYC/LON/PAR

① AP   ② TS   ③ PA   ④ AT

11 MILEAGE SYSTEM 보완 규정 중 HIP과 CTM에 대한 설명 중 틀린 것을 고르시오.

① HIP은 마디별로 CHECK 한다.

② HIP CHECK 시 Y2,YO2는 반드시 RULE CHECK 후 사용한다.

③ CTM(일주최저운임)이란 출발지에서 도중체류지점까지의 직행운임 중 가장 높은 운임이다.

④ CTM은 마디별 CHECK가 아니라 전체 여정에 대한 CHECK이다.

12 다음 여정의 GI(GLOBAL INDICATOR)를 적으시오

> SEL/TPE/HKG/MOW

13 다음 조건에 맞는 요금 조회 ENTRY를 기재하시오

구간 : 서울-뉴욕	적용 운임 : 1/2 RT 운임
출발일 : 1OCT	항공사 : 대한항공

14 다음 빈칸에 들어갈 용어를 차례대로 적으시오.

[예]. ① / ② / ③

① 란 승객이 여행하는 실제 거리를 말한다.

② 란 출발지에서 해당 지점간의 공시운임으로 여행할 수 있는 최대 허용거리를 말한다.

③ 란 초과거리 할증이다.

15 다음은 ROUTING 운임에 대한 설명이다. 틀린것을 고르시오.

① 정해진 경유도시, 항공사, CLASS 준수하면 출발지에서 목적지 요금을 그대로 징수한다.

② 한쪽 방향으로 공시되어 있지만 반대방향으로도 가능하다.

③ 경유도시를 생략할 수 없다.

④ MILEAGE SYSTEM 관련 규정은 체크하지 않는다.

16 다음 여정은 MILEAGE SYSTEM으로 적용, THROUGH FARE로 계산이 가능한가? 가능하면 가능한 이유, 불가하면 불가한 이유까지 적으시오.

여정 : SEL−TYO−PAR−LAX−NYC

17 다음 여정을 조건대로 계산 후 TOTAL NUC를 적으시오.

예▶ 3434.23

> 조건: YY FARE, Y NORMAL FARE(BAH X THR : 비항공 운송
> 구간), 오늘 출발

 SEL

X/BKK

 BAH

  X

 THR

 IST

-----

18 다음 여정을 주어진 조건대로 계산후 TOTAL NUC 및 HIP 구간을 적으
시오.

예▶ 1234.56/SINOSA

> 조건: Y CLS, 1년, 오늘 출발 , YY FARE, FUEL Q 제외

SEL

TYO

SIN -

BKK

SEL

------

19 다음 여정을 주어진 조건대로 계산후 TOTAL NUC를 적으시오.

예 1234.56

조건: Y CLS, 1년, 오늘 출발 , YY FARE (유류할증료 제외)

SEL

X/KUL

  MAA−

  BOM

  SEL

20 다음 여정을 계산 후 TOTAL NUC를 적으시오.

예 1112.34

조건: C−CLS, YY FARE, FUEL − Q(SURCHARGE) 제외

SEL

BKK

CGK −

SIN

SEL

−−−−

21 다음 여정을 계산후 TTL NUC 를 적으시오.

> ※ 주의사항: 정답 입력시에 띄어쓰기나 문자가 입력되지 않도록
> 해야합니다. 그렇지 않은 경우 오답으로 자동채점 되오니 각별히
> 주의하시기 바랍니다.

예〕 1234.56 YY FARE , NORMAL FARE , FUEL Q제외)

        SEL
X/OSA
        SIN —
        NGO
        SEL
_ _ _ _ _ _ _

22 다음 여정에 ROUTING 운임을 사용하는 경우 LAS−NYC 구간에 적용가
능한 항공사를 모두 쓰시오.

예〕 KE/OZ

SEL
LAS
NYC−
LAS
SEL

23 다음 여정을 계산후 TOTAL NUC를 적으시오.

> ※ 주의사항: 정답 입력시에 띄어쓰기나 문자가 입력되지 않도록
> 해야합니다. 그렇지 않은 경우 오답으로 자동채점 되오니 각별히
> 주의하시기 바랍니다.

예 1234.56

> 조건: YY FARE, Y NORMAL FARE(1년),오늘 출발

SEL
BKK
FRA
MUC
SEL

24 MILEAGE SYSTEM 의 보완 규정 중 출발지에서 도중체류지점까지의 직행 왕복운임 중 가장 높은 운임을 말하는 것으로서 계산 된 일주여정의 전체 운임은 이보다 낮아서는 안된다.낮을 경우 가장 높은 직행 왕복 운임까지 징수해야한다는 보완 규정은 무엇입니까?

25 다음 빈칸에 알맞은 답을 차례대로 기재하시오

> 정상 운임은 예약변경, 여정변경, 항공사변경, 도중체류 횟수 등에 원
> 칙적으로 제한이 없는 운임이다. 정상 운임을 적용받은 항공권은
> 첫구간의 경우 (①   ) 로 부터 1년 , 나머지 구간은 (②   )
> 로부터 1년의 유효기간을 가진다.

종
합

문
제

04 ✈ 종합문제

01 E-Ticket 발권 후 승객에게 전달하여 승객이 출입국시 반드시 소지하도록 해야 하는 것으로 항공권과 같은 역할을 하는 것을 가리키는 용어를 기재하시오.

02 다음 E-Ticket에 대한 설명으로 틀린 것을 고르시오.

① 여정의 좌석 상태는 모두 확정 상태이다.

② 해당 항공권은 10월 19일까지 사용 가능하다.

③ E-Ticket 쿠폰 상태는 OPEN으로 사용 가능하다.

④ 적용된 운임은 성인 운임이다.

```
TKT-1801740182061         RCI-                    1A LOC-5TGK9M
OD-SELSEL  SI-      FCMI-0   POI-SEL  DOI-19OCT16  IOI-00039911
   1.JUNG/HJMS                    ADT     ST  N
 1 O ICNSIN     KE    643 E 01DEC 1420 OK O     EKEKS
                                                  01JUN 1PC
 2 O SINICN     KE    644 E 20DEC 2230 OK O     EKEKS
                                                  01JUN 1PC

FARE   F KRW        690000
TOTALTAX KRW         56000
TOTAL    KRW        746000
/FC SEL KE SIN313.99KE SEL313.99NUC627.98END ROE1098.739000
FE NONENDS. RISS CHRG APPLY-KRW70000. RFND PNTY APPLY-KRW100000.
 NO MILEUG.
FP CASH
NON-ENDORSABLE
FOR TAX/FEE DETAILS USE TWD/TAX
```

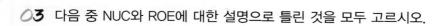

03 다음 중 NUC와 ROE에 대한 설명으로 틀린 것을 모두 고르시오.

① NUC는 항공운임을 표시하는 가상의 중립적인 화폐단위이다.

② ROE는 NUC를 현지 통화로 환산하기 위한 환율이다.

③ NUC와 ROE는 모두 출발일 기준으로 적용한다.

④ ROE는 1년에 4회 변경 고시되며, 3개월간 동결 적용함을 원칙으로 한다.

⑤ 실제 지불통화와 TAX의 통화 코드는 반드시 일치해야 한다.

⑥ NUC는 발행일 기준으로 적용한다.

⑦ 인도네시아 JKT 출발인 경우, 출발지국 통화 단위는 USD로 기재한다.

⑧ KRW1520004원으로 계산된 경우 끝단위는 100단위로 올림처리하여 1520100원으로 징수해야 한다.

04 다음 여정을 주어진 조건대로 계산 후 Total NUC를 쓰시오.

예 1234.56

> 조건: YY FARE , Y CLS, 1년 체류 , 오늘 출발

SEL
SYD
NAN –
X/AKL
SEL

05 다음 여정을 적용 가능한 가장 저렴한 운임으로 계산 후 해당 금액을
KRW로 기재하시오.

예 1234500

> 조건: KE Fare, 8월 15일 출발, 3개월체류(최대체류기간), 예약
> 완료 3일 이내 발권(사전발권 AP-Advance Purchase) KE
> 이외 구간에 대해서는 운임에 알맞은 항공사로 임의 지정

SEL
HKG KE
SGN -??
HAN ??
SEL KE

06 다음 도시 중 항공 지리상 동남 아시아(South East Asia)에 속하지 않는
도시를 모두 고르시오.

① TAS   ② NGO   ③ GUM

④ PNH   ⑤ BJS   ⑥ BOM

⑦ RGN   ⑧ TAS

07 다음 여정을 적용 가능한 가장 저렴한 운임으로 계산 후 해당 금액을 KRW로 기재하시오.

예 1234500

> 조건: KE Fare, 9월 1일 출발, 1개월체류, 예약완료 7일 이내 발
> 권 KE 이외 구간에 대해서는 운임에 알맞은 항공사로 임의
> 지정

SEL

KUL KE

DAC – ??

BKK ??

SEL KE

08 다음 화면은 Sales Report를 조회한 것이다. 여기에서 항공권 번호 180 1740182061번을 SEQ NO와 Ticket 번호로 VOID할 수 있는 Entry를 쓰시오.

```
AGY NO - 00039911          QUERY REPORT 19OCT           CURRENCY KRW
OFFICE - SELK1394Z         SELECTION:
AGENT  - 1895AA                                          19 OCT 2016
--------------------------------------------------------------------
SEQ NO A/L DOC NUMBER TOTAL DOC   TAX   FEE  COMM   AGENT FP   NAME AS TRNC

008527 180 1740182061   746000  56000   0     0  746000 CA JUNG/HJ AA TKTT
```

09 다음 여정을 적용 가능한 가장 저렴한 운임으로 계산 후 해당 금액을 KRW로 기재하시오.

[예] 1234500

> 조건: KE Fare 8월 15일 출발 3개월 체류 예약완료후 3일이내 발권
>   KE 이외 구간에 대해서는 운임에 알맞은 항공사로 임의 지정

SEL
LON KE
OSL −
MOW
SEL KE

10 다음 여정을 아래 조건으로 계산한 후 CTM 체크 Plus 금액을 NUC로 기재하시오.

[예] 1234.56

> 조건: YY Fare, Y CLS, 1년 체류, 오늘 출발

SEL
DXB −
LON
ATH
ROM
SEL

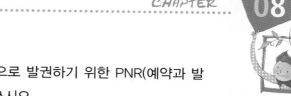

11 다음 조건에 맞게 가장 저렴한 운임으로 발권하기 위한 PNR(예약과 발권 Data)을 작성한 후, PNR 번호를 쓰시오.

> 조건: 예약 완료 후 3일이내 발권, Booking CLS 준수, 전화번호
>   임의 지정
> 승객명: 본인, 동반자 1명
> 여정: 좌석이 없거나 스케줄이 없는 경우 조건에 주어진 날짜와 근
>   접한 날짜로 예약, 편명이 없는 경우 다른 편명 예약

3/10 SEL/BKK KE653

3/15 HKT/SEL KE638

NO COMM, NO D/C

지불수단 : 1번 승객−전액 카드, VI4444333322221111,

　　　　　유효기간 2019년 5월, 일시불, 승인번호 55556666

2번 승객 − 전액 CASH

12 다음 여정에 해당하는 방향지표(GI)를 기재하시오.

SEL/PAR/LAX/NYC

13 다음 조건으로 두 도시간 공시운임을 조회하는 Entry를 쓰시오.

※ 반드시 조건 순서대로 입력

① 서울– 홍콩 구간

② 출발일 : 3월 1일

③ KE 운임

④ 낮은운임에서 높은운임 순서로 조회

⑤ 1/2RT 운임

⑥ NUC로 조회

14 다음 조건에 맞게 가장 저렴한 운임으로 발권하기 위한 PNR(예약과 발권 Data)을 작성한 후, PNR 번호를 쓰시오.

조건: 예약 완료 후 5일이내 발권, Booking CLS 준수, 전화번호 임의 지정

승객명: 본인

여정: 좌석이 없거나 스케줄이 없는 경우 조건에 주어진 날짜와 근접한 날짜로 예약, 편명이 없는 경우 다른 편명 예약

12/10 SEL/SIN KE641

12/20 SIN/SEL KE644 이용

NO COMM, NO D/C

지불수단 : CASH

발권 이후 복편일 날짜 변경 : 12/20 → 12/20 Revalidation 처리하시오.

15 다음 E-Ticket의 ㉮~㉢번에 까지에 대한 설명으로 틀린 것을 고르시오.

```
TKT-1801740182061 ㉮         RCI-              1A LOC-5TGK9M
OD-SELSEL SI-      FCMI-0 ㉯ POI-SEL DOI-19OCT16 IOI-00039911
 1.JUNG/HJMS            ADT     ST N
1 O ICNSIN    KE   643 E 01DEC 1420 OK O㉰    EKEKS
                     01JUN 1PC
2 O SINICN    KE   644 E 20DEC 2230 OK O     EKEKS
                     01JUN 1PC㉱
FARE   F KRW       690000
TOTALTAX KRW        56000
TOTAL   KRW      746000
/FC SEL KE SIN313.99KE SEL313.99NUC627.98END ROE1098.739000
FE NONENDS. RISS CHRG APPLY-KRW70000. RFND PNTY
APPLY-KRW100000.
 NO MILEUG.
FP CASH
NON-ENDORSABLE
FOR TAX/FEE DETAILS USE TWD/TAX
```

① ㉮ 1801740182061 : 여행사 IATA 가입 번호

② ㉯ 0 : 자동운임 계산 사용 indicator

③ ㉰ O : 사용가능한 쿠폰

④ ㉱ 1PC : 초과수하물 무게

16 다음 여정을 적용 가능한 가장 저렴한 운임으로 계산 후 해당 금액을 KRW로 기재하시오.

예 1234500

> 조건: KE Fare, 3월 7일 출발, 2개월 체류, 예약 완료 후 3일 이
> 내 발권 KE 이외 구간은 적용 가능한 운임에 해당하는 항공
> 사로 임의지정

SEL

YTO KE

PIT −

LAX

SEL KE

17 다음 중 Fare System의 기능에 대해 틀리게 설명한 것을 고르시오.

① FQP : PNR이 없는 경우 사용가능한 자동운임계산 기능으로 TST 생성불가

② FXP : PNR이 있는 경우에만 사용가능한 자동운임계산 기능으로 TST 생성 가능

③ FXB : PNR이 있는 경우에만 사용 가능, 좌석 상태를 고려하여 현재 예약 가능한 가장 저렴한 운임을 산출하여 Rebooking 처리까지 해주는 기능

④ FXD : PNR이 있는 경우에만 사용 가능, 예약 가능한 비행편과 운임 정보를 추천해 주는 기능으로 Rebooking은 불가

18 다음 여정은 하나의 운임마디로 계산 가능하다.

> SEL/HKG/BKK/SIN/KUL/JKT

① O   ② X

19 다음 여정의 종류에 대한 예로 틀린 것을 고르시오.

① SEL

    PAR −2500.00

    LON M

    SEL −2500.00

    – – – – – – – – – – – – –

    RT 여정

② SEL

    HNL−1500.00

    LAX−1000.00

    SEL−2000.00

    – – – – – – – – – – – – –

    CT 여정

③ PUS

    OSA−500.00

     X

    TYO

    SEL−700.00

    – – – – – – – – – – – – –

    OJT 여정

④ PAR

    SEL

    LAX

    NYC

    SYD

    PAR

    – – – – – – – – – – – – – –

    OW 여정

20 다음 중 할인운임에 대한 설명으로 옳은 것은?

① DOB가 2012년 5월 1일인 승객이, 2014년 5월1일 여정 출발하게 되는 경우 CHD 운임운임을 적용해야 한다.

② CHD의 무료수하물 허용량은 성인 승객 무료수하물의 75% 수준이다.

③ 학생 운임은 일반석과 우등석에 대해서만 적용 가능하며, 일등석인 경우에는 적용할 수 없다.

④ 선원 운임은 왕복 여정인 경우에 한해 선원 할인 적용이 가능하다.

21 다음 조건에 맞게 가장 저렴한 운임으로 발권 후 PNR ADDRESS(NBR) 과 TICKET NUMBER를 적으시오.

예) 123-4567, 18011111122

조건: 예약완료 5일이내 발권, BOOKING CLASS 준수,
　　　전화번호 임의 지정

승객명: 본인, 동반자 1명

여정: 3/10 서울-푸켓 KE이용
　　　4/15 푸켓-서울 KE이용

NO COMM , NO D/C

지불수단: 전액카드, VI4444333322221111
　　　　　유효기간 2019년 5월 일시불, 승인번호 55556666

친구: 전액 CASH

22 다음 여정을 계산 후 Total NUC를 쓰시오.

예⟩ 1234.56

> 조건: YY Fare, Y CLS, 오늘 출발

   SEL
X/HKG
   PAR-

23 다음 조건에 맞게 가장 저렴한 운임으로 발권하여 PNR ADDRESS(NBR)를 기재하시오.

예⟩ 0999-4567

> 조건: Y CLASS 예약, 전화번호 임의 지정, 100000 D/C ,
>   NO COMM
> 승객명: 1. 본인, 2. 친구
>   3/15 SEL/SIN SQ603
>   4/12 SIN/SEL SQ608
> 지불수단: 본인- 현금+카드 (30만원 VI4444333322221111
>   유효기간 2017/12, 일시불, 승인번호-33334444)
> 친구: 전액 카드 지불(VI4444333322221111
>   유효기간 2015/10, 3개월 할부, 승인번호-11112222

24. 다음 조건에 맞게 가장 저렴한 운임으로 발권 후 PNR Address(NBR)를 기재하시오.

예) 0999-4567

> 조건: Y CLASS 예약, 전화번호 임의지정, NO DISS,
> NO-COMM
>
> 승객: 본인
>
> 여정: 3/23 SEL/HEL AY042
> 4/24 HEL/SEL AY041
>
> 지불수단: 전액 카드 지불 VI4444333322221111
> 유효기간 2014/11 3개월 할부, 승인번호-77778888

25. 다음 조건에 맞게 가장 저렴한 운임으로 발권 후 PNR Address(NBR)와 항공권 번호를 기재하시오.

예) 123-4567 , 1801234555666

> 조건: 예약 후 당일 발권 예정, 전화번호 임의 지정
>
> 승객명 : 본인
>
> 여정: 02/01 SEL / FRA LH항공
> 03/11 LON / SEL BA항공
>
> 지불 수단 : NO-COMM/CASH
>
> 발권항공사 : LH

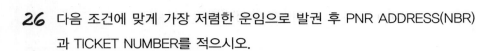

26 다음 조건에 맞게 가장 저렴한 운임으로 발권 후 PNR ADDRESS(NBR)과 TICKET NUMBER를 적으시오.

예▶ 123-4567, 18011111122

> 조건: 예약 후 당일 발권 예정, 전 구간 적합한 BOOKING CLASS
> 　　　준수, 전화번호 임의 지정
> 승객명: 본인, 소아(여아, 2009년 1월 1일생)
> 여정: 1/01 SEL/SIN SQ 항공 이용
> 　　　1/23 SIN/SEL SQ 항공 이용
> 지불 수단: VI4444333322221111 유효기간 2020년 3월
> 　　　　　3개월 할부 승인번호 11112222
> NO-COMM

27 승객1번의 TST를 삭제하는 ENTRY를 기재하시오.

28 다음 조건에 맞게 가장 저렴한 운임으로 발권하시오.

조건: 당일발권 가장 저렴한 운임 , 전화번호: 임의 지정,

100000 DC, NO COMM

승객: 본인, 친구

1/13 SEL/SIN KE

3/12 SIN/SEL KE

지불수단: 본인 – 현금 + 카드 (30만원 VI4444333322221111

유효기간 2020/12 , 일시불 승인번호–33334444)

친구: 전액 카드 지불 VI4444333322221111

유효기간 2020/12, 3개월 할부 승인번호–55556666)

부록

01 ✈ Topas Sell Connect 예약 지시어 모음

1) Help 페이지 및 Decode & Encode

Entry Help	HE AP (지시어로 조회-예:전화번호)
도시/공항	DACLON, DACLHR
	DANLONDON, DANHEATHROW
	DANLON* (LON으로 시작하는 도시목록조회
주	DNSUSCA, DNSCALIFORNIA
국가	DCFR, DCFRANCE
항공사	DNACX, DNACATHAY PACIFIC
	DNA160 (CX의 항공권 Numeric Code)
기종	DNE744, DNEBOEING

Multi Airport	DBNYC
비행정보조회	DOKE905, DOKE905/01APR
현지시간 조회	DDLAX, DDLAX/SIN

2) Availability^(예약가능편) 조회

기본조회	AN01OCTSELTYO
특정항공사 예약가능편조회	AN01OCTSELTYO/AKE
항공사 지정조회(최대 6개)	AN01OCTSELTYO/AKE,JL
특정일 복편 동시조회	AN01OCTSELTYO*20OCT
Booking Class 지정 조회(E class)	AN01OCTSELHKG/CE
비행정보 조회	DO2 (예약가능편 조회 후 2번째 비행기)
추가 예약가능편 조회	MD (예약가능편 조회 후)
최초 예약가능편 재조회	MPAN
3일후 동일 구간 예약가능편 조회	AC3
1일전 예약가능편 조회	AC-1
항공사 변경 조회(TG로 변경)	AC/ATG
3일후 복편조회	ACR3
날짜 지정 복편조회	ACR10DEC

3) Schedule^(스케줄) 조회

225

기본조회	SN01MARSELPAR
항공사 지정 조회	SN01MARSELPAR/AKE

4) Time Table 조회

기본조회	TN01APRSELLON
항공사 지정 조회	TN01APRSELLON/AOZ

5) 여정(Itinerary Element) 작성

개인	예약가능편 조회 후 좌석요청	SS1E2
	대기자 요청	SS1E2/PE
	첫 번째구간 E class, 두 번째구간 B class	SS1EB1 (연결편)
	복편예약가능편 조회 후 좌석요청	SS1M1*11, SS1Y1*H11
	직접예약 (Direct Booking(Long Sell))	SSKE905M21APRICNFRA2
	대기자 직접예약	SSKE905M21APRICNFRAPE2
Open	항공 편수, 날짜 미확정	SOKEMLAXICN
	항공 편수 미확정	SOKEM01SEPLAXICN
	항공사 미확정(YY:모든항공사)	SOYYF01SEPLAXICN
	비항공운송구간 ARNK 입력	SIARNK
여정 변경	3번여정 날짜 9월1일로 변경	SB01SEP3
	4번 여정 편수 KE652편으로 변경	SBKE652*4
	전여정 Class Y로 변경	SBY
여정 취소	전여정 취소	XI
	일부 여정	XE1/3 , XE1-3

6) 이름(Name Element) 입력

• 성인(Adult): 만12세이상

기본지시어	NM1JUNG/TOPAS MR
동일 성 동시입력	NM1JUNG/TOPASMR/SABREMS
다른 이름 동시입력	NM1JUNG/TOPASMR1HAN/SABREMS

• 소아(Child): 만2세이상 ~만12세미만

기본지시어	NM1KIM/SOAMSTR(CHD/01JAN10)
생년월일 생략	NM1KIM/SOAMISS(CHD)
생년월일 수정	3/(CHD/01MAR11) (3번 승객)

• 유아(Infant): 만2세미만

보호자와 성이 동일할 경우	NM1HAN/KSMR(INF/AGAMISS/01NOV15)
보호자와 성이 틀릴 경우	NM1JUNG/HJMS(INFHAN/TAEMSTR/01MAY15)
개인승객이름 삭제(PNR저장 전)	XE2(2번 승객 삭제)
성명 수정	NU1/1CHOI/KOMR (항공사별로 허용여부 상이)
	1/1LEE/SANGMR (항공사별로 허용여부 상이)
동반 유아 삭제(1번승객)	1/
동반 유아 삽입(1번승객 뒤)	1/(INFLEE/BABYMSTR/13APR15)

7) 전화번호(Phone Element) 입력

여행사 전화번호	AP02-123-4000
핸드폰 번호	APM-010-333-5555
사무실 번호	APB-02-123-6000/P2 (2번 승객)

집 전화번호	APH-02-555-7777
FAX 번호	APF-02-123-2222
이메일 번호	APE-jane2001krkr@topas.net
Office Profile에 저장된 번호 입력	AP
전화번호 삭제	XE6(6번 항목)

8) 발권시한(TK Element) 입력

발권시한이 지나도 여정유지	TKTL01JAN
발권시한이 지나면 여정삭제	TKXL01JAN
예약 후 즉시 발권	TKOK

9) 예약 의뢰자(Received From) 입력

기본지시어	RFP, RFPAX

10) Fact Element 입력

OSI 입력(기타정보사항)	OS KE HOLLYWOOD MOVIE STAR/P1
SSR 입력(특별서비스 사항)	SRVGML(채식), SRVGML/P1 (승객지정)
OSI 코드 조회	HE OSI -> MS169
SSR 코드 조회	HE SSR -> MS463
Group Fact	SRGRPF KE-GV10
좌석점유 유아	SRINFT-13JAN15/P2
APIS(사전입국정보사항)	SR DOCS-P-KE-M123456789-KR-15NOV70-M-20MAR20-LEE-KOREA

11) PNR 저장 및 조회

PNR 저장	ET
PNR 저장 및 Retrieve	ER
예약 코드 자동 정리	ETK, ERK
PNR 정리 및 Display	RT
이전 작성한 PNR Retrieve	RTPP
PNR 번호로 조회	RT0123-1234
승객 이름으로 조회	RT/PARK/CHIKI 조회 후 RT2
	RT/PARK/C 조회 후 RT3
출발일 및 승객 이름으로 조회	RT/10DEC-HONG 조회 후 RT1
편명, 출발일, 승객이름으로 조회	RTKE651/10DEC-HONG
List 조회화면	RT0
PNR 조회 후 항공사 PNR 조회	RL
PNR 번호 변경	RSVN/1111-3333(변경할 번호)

12) Remarks 입력

일반적인 Remarks	RM PLZ DAPO CFM

13) PNR History

기본 지시어	RH

14) PNR Split(분리)

2번 승객 분리	SP2 → RFP → EF(두번) → ET(두번)

15) Copying PNR

여정만 Copy	RRI , RRI/6 (좌석수 지정)
여정 & 승객정보 Copy	RRN, RRN/CY (class 'Y') , RRN/S7 (7번째 여정)
승객정보만 Copy	RRP
여정 & 승객정보 & AXR 정보	RRA

16) ETAS (호주 비자)

ETA요청	TIETAR
ETA 유효여부 조회	TIETAQ
ETA History 조회	TIETAH
ETA 탑승수속 시 ETA확인	TIETAC
취소, 환불	TIETAV

17) Group Booking

단체명 입력	NG20TOPAS TOUR
여정	AN30SEPSELBKK/AKE/CG 조회 후 SS20G1/SG
	SSKE652G10OCTBKKSEL20 (직접입력)
전화번호, TK입력	AP;APM-010-123-1111;TKTL12SEP
Group Fact	SRGRPFKE-GV10
저장	ER
실제 승객명 입력	NM1JUNG/JIKMR
입력한 승객명단 확인	RTN
실제 입력이름만 삭제	2G (승객수에 상관없이 입력된 2번째 승객만 삭제)

실제 명단 취소	XE2 (승객수 감소, 입력된 2번째 승객 삭제)
No Name 중 일부 취소	XE0.2 (이름이 입력되지 않은 단체명에서 2명감소)
No Name + 실명단 동시 취소	SP0.2.1 → RFP → EF(두번) → ET(두번) (분리후 여정 삭제)

18) 사전 좌석 배정

좌석배치도 조회	SM3 (3번 여정)
	SM3/V (좌석 배치도 세로로 보기)
좌석배정	ST/29J/P1 (1번승객 29J로)
	ST/33EF (2명 승객 연결 좌석지정)
	ST/A/S3-4/P1 (복도쪽 지정)
좌석 배정 취소	SX/S3 (3번 여정 배정 좌석 취소)
	XE6 (6번 항목에 배정된 좌석 취소)

19) Queue

Q 전송	QE8C1D1 (같은 Office)
	QE/8C1D1/3C1D1(타 Office)
Q 전송 취소	PNR 조회 → RTQ → QXP3 (3번 Line)
Q Count	QC8CE (8번에 존재하는 모든 Q)
	QC8CA (Active 카테고리만 조회)
다음 PNR 조회	QD
Q에서 제거, 다음 PNR 조회	QN, ET(PNR 수정사항 저장)
Q 작업 종료	QI

20) Frequent Flyer

마일리지 정보입력	FFAAF-1234567
마일리지 번호만 입력	FFNAA-2222333
	FFNAA-2222333,AA,BA (AA:가입사, BA:탑승항공사)
회원 정보 조회	FFDAF-1234567
마일리지 협정 제휴 항공사	VFFDKE

21) 부대 서비스

여정표 발송	IBP-EML-BIT@TOPAS.NET
ITR 발송	ITR-EML-BIT@TOPAS.NET

02 ✈ 발권지시어 모음

1) Fare Display

출발일 지정	FQDSELPAR/D25DEC
항공사 지정	FQDSELPAR/AKE
NUC 지정	FQDSELPAR/R,NUC
항공사 리스트제외, 낮은운임 순서	FQDSELPAR/IL,X
편도운임조회	FQDSELPAR/IO
왕복운임조회	FQDSELPAR/IR
1/2RT 운임조회	FQDSELPAR/IH

방향지표 지정	FQDSELPAR/VTS
미국 VUSA운임조회(항공사: AA)	FQDNYCWAS/AAA/R,-VA
단체운임 지정	FQDSELPAR/AKE/R,-GRP
종합	FQDSELPAR/D24DEC/AKE/IL,X,O/R,NUC/VTS

2) Fare Quote Tools

마일리지 조회	FQMSELHKGBOM
통화변환	FQC123,55NUC/KRW
ROE 조회	FQAKRW
TAX 정보 조회	FQNTAX/SE (국가코드: SE)
운임규정 조회	FQN3//LI (Rule Index) , FQN3//AP (사전발권)
Booking Class 조회	FXP 후에 FQS1, FQS1-1
Routing Map조회	FQR3 (3번운임 노선조회)

3) 자동운임계산(PNR 없는 경우)

- FQP → FQH1(1번 운임 상세내역 조회)

기본조회	FQPICNLHR-ICN- (출발지를 제외한 모든 도시 다음에 -)
항공사 지정	FQPICN/AKELHR-/AKEICN-
날짜지정	FQPICN/D20MAY/AKELHR-/AKEICN-
Booking Class 지정	FQPICN/CYLHR-/CFICN-
할인운임지정	FQPICN/AKELHR-/AKEICN-/RCH(소아할인)

	FQPICN/AKELHR-/AKEICN-/RGV
단체운임 및 추가 할인지정	FQPICN/AKELHR-/AKEICN-/RGV-CG00
	FQPICN/AKELHR-/AKEICN-/RGV-CH
	FQPICN/AKELHR-/AKEICN-/RGV-IN
비항공운송구간(--)	FQPICN/AKELHR---FRA-/AKEICN
경유지점 X Mark지점	FQPICNLHRFRA-ICN- (ICN/XLHR/FRA/ICN일 경우)
운임분리지점 지정	FQPICNLHR-/BFRA-ICN (FRA에서 운임분리)

4) Master Pricer Expert^(HE FXD)

- FXD → FXS1^(1번운임) → FXU1^(1번 여정예약, TST저장)

기본 조회	FXDICN/D24DECBKK/D30DECICN
예약가능 좌석수 지정	FXD2ICN/D24DECGKK/D30DECICN (2좌석)
소아 할인가능 조건 포함	FXDICN/D24DECBKK/D30DECICN/RCH

5) 발권 Data 구성 요소

- TST 자동운임 입력

기본조회 지시어	FXP(전승객), FXP/PAX(성인/소아), FXP/INF(유아)
승객 지정	FXP/P1, FXP/P2,4, FXP/P2-4
구간 지정	FXP/S3
할인지정	FXP/RGV(단체)
발권항공사 지정	FXP/R,VC-KE
운임선택	FXT4/P1 (4:운임, P1: 1번승객)
운임선택(성인, 동반유아)	FXT1/P1//2/P1

• TST 수동운임 입력

TST Shell 열기	TTC, TTC/P1-3 (승객1-3)
F/B, MIN/MAX, BAG동시입력	TTK/BYRT/VXX30DEC/A20K (MIN없는 경우 XX) TTK/BYRT/V13DEC30DEC/A20K
운임계산 내역입력	TTK/CSEL KE BKK633.15KE SEL633.15NUC 1374.30ENDROE1087.884000
운임입력	TTK/FKRW174600/X28000BP/X26500TS

• TST 조회 및 삭제

기본조회	TQT(할인이 없을 경우), TQN(할인이 있을 경우)
승객 혹은 TST 지정	TQN/PAX(성인/소아), TQN/INF(유아) TQN/P1, TQN/T1
삭제	TTE/ALL(모두)
승객 혹은 TST 지정 삭제	TTE/PAX(성인/소아), TTE/INF(유아) TTE/P1, TTE/T1

• FM Commission정보

Gross Comm	FM0G(No Comm), FM5G(5%) FMPAX0G(성인/소아), FMINF0G(유아) FM0G/P1
Net Comm	FM0N(No Comm), FM5N(5%) FMPAX0N(성인/소아), FMINF0N(유아) FM0N/P1

• TTN/D : Discount 금액

기본 입력	TTN/D50000(5만원 할인)
TST번호 지정	TTN/D50000/T1

• FV : Validationg Carrier

–기본입력	–FVTG (TG항공사)
–승객지정	–FVPAXTG(성인/소아), FVINFTG(유아) –FVTG/P1

• FP : Form of Payment ^(전체승객)

현금	FPCASH
카드	FPCCVI4444333322221111/0119*E03/N12345678 (0119:유효기간월년, E03:할부3 일시불:생략가,N:승인번호)
혼합	FPCASH+CCVI4444333322221111/0119*E00/N123456787/KRW300000 (카드30만원 지불 나머지 현금

• FP : Form of Payment ^(유아동반 성인)

현금	FPPAXCASH
카드	FPPAXCCVI4444333322221111/0119*E03/N12345678 (0119:유효기간월년, E03:할부3 일시불:생략가,N:승인번호)
혼합	FPPAXCASH+CCVI4444333322221111/0119*E00/N123456787/ KRW300000(카드30만원 지불 나머지 현금

• FP : Form of Payment ^(유아)

현금	FPINFCASH
카드	FPINFCCVI4444333322221111/0119*E03/N12345678 (0119:유효기간월년, E03:할부3 일시불:생략가,N:승인번호)
혼합	FPINFCASH+CCVI4444333322221111/0119*E00/N123456787/ KRW300000(카드30만원 지불 나머지 현금

- FE : Endorsement & Restriction

기본입력	FENON-ENDS
승객지정	FEDOB27JUL09/DONJ180123456789/P2 FENON-ENDS/P1
기 입력사항에 추가	13//DOB 27JUL09

- FS : Conjunction Ticket(KE only)

기본입력	FSCONJ180-1234567890/P3
유아승객 지정	FSINFCONJ180-1234567890/P1

- FT : Auth No 및 Tour Code

기본입력	FT*3SDQIININS
승객지정	FTPAX*3SDQIININS, FTINF*3SDQIININS FT*3SDQIININS/P1

6) E-Ticket 발권가능 항공사 정보

발권 가능 항공사 조회	TGETD-KR (KR:국가코드)
항공사별 Condition조회	HEETTKE
Interline 항공사 조회	TGAD-KE/TG (KE:Validating Carrier)
BSP 가입항공사 조회	TGBD-KR
BSP 미가입항공사 조회	TGGDS-KR

7) Stock 관리

발권 가능 매수 조회	TOQD, TOQD/T-KE
발권가능 항공권 종류 표시	DSLD/ALL/SP-KR/O-SELK13UA3

237

8) 발권 지시 (HE TTP)

기본	TTP/RT (전승객 발권 및 PNR 조회)
유아 발권	TTP/INF
승객 지정	TTP/T1/RT , TTP/P1/RT

9) 항공권 이미지 조회 (HE TWD)

기본조회	TWD, TWD/L9 (PNR내 항공권 라인번호)
항공권번호 조회	TWD/TKT180-1234567890
최근 이미지 재조회	TWDRT (최근 30분내 조회 이미지 재조회)

10) Revalidation (HE REVALIDATION)

PNR조회	RT12345678
항공권 이미지 조회	TWD/L9
Penalty확인	FQD 이후 FQN1//PE
항공사 허용여부확인	HEETTKE
여정 변경	SB25DEC3
Revalidation	TTP/ETRV/S3/L7/E2

11) PNR에 항공권 번호 연결 (HE FH)

승객1번, 쿠폰2번, SEG3연결	FHE172-1234567890/C2/S3/P1
성인 승객1번, 쿠폰2번, SEG3 연결	FHEPAX172-1234567890/C2/S2/P1
유아 승객1번, 쿠폰2번, SEG3 연결	FHEINF172-1234567890/C2/S3/P1

12) Reissue^(HE REISSUE)

- **차액 없는 Reissue**(출발전, 복편 날짜 변경)

복편날짜변경	SB25DEC3
운임 재계산	FXP
Reissue Mode로 변경	TTK/EXCH
MAX Stay 입력(필요시)	TTK/VXX10JAN
최초 항공권 정보	FO*L8 (L:FA/FHE 라인번호)
발권	TTP/RT/P1

13) Refund^(HE REFUND)

- **Full Refund**

항공권 이미지 이용	TRF172-1234567890/FULL/CP50000A (CP50000A : 환불 Penalty 5만원)
PNR의 FA/FHE라인 번호 이용	TRF/L6/FULL/CP50000A
Query Report 이용	TRF/I-56/FULL/CP50000A

14) Sales Report

- 해당일에 발권된 모든 항공권 List 조회(Query Report)

기본조회	TJQ(당일) , TJQ/D-12MAY(일자지정)
특정 Date Range지정 조회	TJQ/D-12MAY15MAY

15)Void

Query Report 이용	TRDC/1804 (Sequence No)
PNR 이용	TRDC/L7
항공권 번호이용	TRDC/TK-1234567890

03 ✈ 주요 **Code**의 정리

1) 월별코드(Monthly Code)

월	코드
JANUARY	JAN
FEBRUARY	FEB
MARCH	MAR
APRIL	APR
MAY	MAY
JUNE	JUN
JULY	JUL
AUGUST	AUG
SEPTEMBER	SEP
OCTOBER	OCT
NOVEMBER	NOV
DECEMBER	DEC

2) 노선별 주요 도시 및 공항 Code

▶ 일본

도시명	도시코드	공항코드	도시명	도시코드	공항코드
TOKYO	TYO	NRT, HND	YONAGO	YGJ	
OSAKA	OSA	KIX, ITM	MIYAZAKI	KMI	
FUKUOKA	FUK		KUMAMOTO	KMJ	
NAGOYA	NGO		SAPPORO	SPK	CTS
HAKODATE	HKD		NIIGATA	KIJ	
HIROSHIMA	HIJ		OKAYAMA	OKJ	
KOMATSU	KMQ		AKITA	AXT	
OKINAWA	OKA		KAGOSHIMA	KOJ	
MATSUYAMA	MYJ		OITA	OIT	
TAKAMATSU	TAK		NAGASAKI	NGS	
FUKUSHIMA	FKS		AOMORI	AOJ	
SENDAI	SDJ		ASAHIKAWA	AKJ	
TOYAMA	TOY				

▶ 중국

도시명	도시코드	공항코드	도시명	도시코드	공항코드
BEIJING(북경)	BJS	PEK	XIAN(서안)	SIA	XIY
QINGDAO(청도)	TAO		YANJI(연길)	YNJ	
SHENYANG (심양)	SHE		NAJING(남경)	NKG	
DALIAN(대련)	DLC		HANGXHOU (항주)	HGH	

CHANGCHUN (장춘)	CGQ		SANYA(하이난)	SYX	
SHAGHAI(상해)	SHA	PVG, SHA	JINAN(제남)	TNA	
GUANGZHOU (광조우)	CAN		XIAMEN(하문)	XMN	
HARBIN(하얼빈)	HRB		KUNMING(곤명)	KMG	
TIANJIN(천진)	TSN		WUHAN(무한)	WUH	
YANTAI(연태)	YNT		CHANGSHA (장사)	CSX	
GUILIN(계림)	KWL		SHENZHEN (심천)	SZX	
CHONGQING (중경)	CKG		WEIHA(위해)	WEH	
CHENGDU(성도)	CTU		HAIKOU(해구)	HAK	

▶ 동남아

도시명	도시코드	공항코드	도시명	도시코드	공항코드
BANGKOK	BKK		PHUKET	HKT	
HONGKONG	HKG		CLRAK	CRK	
SINGAPORE	SIN		SUBIC	SFS	
KUALA LUMPUR	KUL		PENANG	PEN	
TAIPEI	TPE		KOTA KINABALU	BKI	
CLRAK	CRK		LANGKAWI	LGK	
MANILA	MNL		SIEM REAP	REP	
CEBU	CEB		PHNOM PENH	PNH	

JAKARTA	JKT	CGK	CHIANG MAI	CNX	
HO CHI MINH	SGN		KOH SAMUI	USM	
HANOI	HAN		MACAU	MFM	
KAOSHIUNG	KHH		KALIBO	KLO	

▶▶ 대양주

도시명	도시코드	공항코드	도시명	도시코드	공항코드
GUAM	GUM		DARWIN	DRW	
SAIPAN	SPN		AUCKLAND	AKL	
SYDNEY	SYD		CHRISTCHURCH	CHC	
BRISBANE	BNE		CAIRNS	CNS	
ADELAIDE	ADL		WELLINGTTON	WLG	
MELBOURNE	MEL		QUEENSTOWN	ZQN	
PERTH	PER		KOROR	ROR	

▶▶ 서남아

도시명	도시코드	공항코드	도시명	도시코드	공항코드
MUMBAI	BOM		COLOMBO	CMB	
BANGALORE	BLR		KARACHI	KHI	
DHAKA	DAC		PHNOM PENH	PNH	
YANGON	RGN		CHENNAI	MAA	
DELHI	DEL		KATHMANDU	KTM	

▶ 유럽

도시명	도시코드	공항코드	도시명	도시코드	공항코드
AMSTERDAM	AMS		ATHENS	ATH	
BRUSSELS	BRU	BRU, ZYR	PARIS	PAR	CDG, ORY
COPENHAGEN	CPH		ROME	ROM	FCO
FRANKFURT	FRA		GENEVA	GVA	
ISTANBUL	IST		LONDON	LON	LHR, LGW
MADRID	MAD		MANCHESTER	MAN	
MILAN	MIL	MXP, LIN	MUNICH	MUC	
STOCKHOLM	STO	ARN	VIENNA	VIE	
ZURICH	ZRH				

▶ 중동

도시명	도시코드	공항코드	도시명	도시코드	공항코드
ALMATY	ALA		TEL AVIV	TLV	
BAHRAIN	BAH		AMMAN	AMM	
RIYADH	RUH		BEIRUT	BEY	
DUBAI	DXB		CAIRO	CAI	
TEHRAN	THR				

▶▶ 미주/캐나다/남미

도시명	도시코드	공항코드	도시명	도시코드	공항코드
LOS ANGELES	LAX		HOUSTON	HOU	IAH, HOU
SAN FRANCISCO	SFO		LAS VEGAS	LAS	
SEATTLE	SEA		VANCOUVER	YVR	
HONOLULU	HNL		CALGARY	YYC	
CHICAGO	CHI	ORD, MDW	TORONTO	YTO	YYZ
NEW YORK	NYC	JFK, EWR, LGA	MONTREAL	YMQ	YUL
WASHINGTON	WAS	DCA, IAD, BWI	MEXICO CITY	MEX	
ATLANTA	ATL		LIMA	LIM	
DALLAS	DFW		BUENOS AIRES	BUE	EZE
BOSTON	BOS		SANTIAGO	SCL	
MINNEAPOLIS	MSP		SANPAULO	SAO	GRU

▶▶ 아프리카

도시명	도시코드	공항코드	도시명	도시코드	공항코드
ABUJA	ABV		NAIROBI	NBO	
CAPETOWN	CPT		BEIRUT	BEY	
JOHANNESBURG	JNB		LAGOS	LOS	
HARARE	HRE				

▶ 러시아

도시명	도시코드	공항코드	도시명	도시코드	공항코드
KHABAROVSK	KHV		ULAANBAATAR	ULN	
ST PETERSBURG	LED		VLADIVOSTOK	VVO	
MOSCOW	MOW	SVO, DME	SAKHALINSK	UUS	
TASHKENT	TAS				

3) 주요 항공사 코드

항공사명	항공사코드	항공사명	항공사코드
ASIANA AIRLINES	OZ	KOREAN AIR	KE
AMERICAN AIRLINES	AA	AIR CANADA	AC
AIR INDIA	AI	BRITISH AIRWAYS	BA
BRITISH MIDLAND AIRWAYS LIMITED	BD	AIR CHINA	CA
CONTINENTAL AIRLINES	CO	CATHAY PACIFIC AIRWAYS	CX
DELTA AIR	DL	GARUDIA INDONESIA	GA
SPANAIR S.A	JK	JAPAN AIRLINES	JL
LUFTHANSA	LH	POLISH AIRLINES	LO
MALAYSIA AIRLINES	MH	MEXICANA DE AVIACION	MX

부 록

ALL NIPPON AIRWAYS	NH	NORTHWEST AIRLINES	NW
AIR NEW ZEALAND	NZ	AUSTRIAN AIRLINES	OS
PHILIPPINE AIRLINES	PR	QANTAS AIRWAYS	QF
VARIG AIRLINES	RG	SCANDINAVIAN AIRLINES	SK
SINGAPORE AIRLINES	SQ	THAI AIRWAYS	TG
UNITED AIRLINES	UA		

4) 발권 용어들에 대한 정의

- Advance Purchase Period : 사전 구입기간
- Adult Fare : 성인운임
- Agent : 대리점
- Applicable Fare : 적용운임
- Baggage : 수하물
- Baggage Check : 수하물표
- Baggage Tag : 수하물 영수증
- Blackout Date : 특별운임 사용 금지기간
- Booking : 예약
- Booking Class : 예약등급
- Business Class : 우등서비스 등급
- Cabotage : 국내구간 운수권
- Cancellation Charge : 취소수수료
- Carriage : 운송

- Carrier : 운송인
- Certified(Death/Illess) : 진단서에 의해 증명된
- Charge : 요금
- Charter : 전세
- Checked Baggage : 위탁수하물
- Circle Trip : 일주여행
- Class : 서비스 등급
- Combinations Fare : 결합운임
- Connection Carrier : 연결항공사
- Conjunction Tickets : 연결항공권
- Connections : 연결항공편
- Constructed Fare : 산출된 운임
- Currency : 통화
- Date Of Transaction : 발권일
- Deadline : 운임 지불기한
- Declare Value For Carriage : 수하물 신고가격
- Departure Tax : 공항세
- Deportee : 추방여객
- Direct Route : 직행노선
- Domestic Fare : 국내선 운임
- Destination : 목적지
- Economy Class Fare : 정상 보통운임
- Embargo : 탑승금지
- Endorsement : 운송권의 양도
- Execess Baggage : 초과수하물
- Execess Baggage Charge : 초과수하물 요금

- Fare : 운임

- Fare Break Point : 운임분리지점

- Fare Component : 운임마디

- Flight Coupon : 탑승쿠폰

- Flight Number : 항공편명

- Gateway : 관문도시

- Group Organizer : 단체여행 조직인

- Immediate Family : 직계가족

- Inbound : 반환지점으로부터 돌아오는 여정

- Incentive Group : 인센티브 단체여행

- Infant Fare : 유아운임

- Interchange Flight : 연계 항공편

- Intermediate Class : 중간등급 서비스

- Interline : 국제선

- Interline Transfer : 타항공사의 항공편으로 갈아타기

- International Carriage : 국제운송

- Involuntary Refund : 항공사 사정에 의한 환불

- Issuing Carrier : 발권항공사

- Journey : 전체 여정

- Last Carrier : 최후 운송항공사

- Literature : 포괄여행 광고인쇄물

- Local Currency Fares : 출발지통화 운임

- Luggage : 수하물

- Maximum Stay : 최대 체류

- Minimum Group Size : 최소 구성인원

- Minimum Stay : 최소 체류

- No-Show : 탑승 불이행
- Non • Scheduled Airline : 부정기 항공사
- Non-Transferable : 항공권 양도 불가
- Normal Fare : 정상운임
- Off Season : 비수기
- Origin : 최초출발지
- Outbound : 출발지로부터 반환지점까지의 여정
- Participating Carrier : 여객운송 항공사
- Passenger : 여객
- Passenger Ticket : 여객 항공권
- Passenger Coupon : 여객용 쿠폰
- Passenger Sales Agent : 여객여행 대리점
- Pricing Unit : 운임산출 단위여정
- Published Fare : 공시운임
- Rebooking : 예약변경
- Reconfirmation : 예약 재확인
- Refund : 환불
- Related Charge : 부가요금
- Reservation : 예약
- Return Journey : 왕복 여정
- Revalidation : 항공권 정식 수정
- Routing : 여정
- Scheduled Airline : 정기 항공사
- Seat Pitch : 앞뒤 좌석간 거리
- Sectional Fare : 운임 마디별 운임
- Sector : 운임산출 단위 여정

- Segment : 직행여행 구간
- Side Trip : 가지여행
- Special Fare : 특별운임
- Specified Fare : 공시운임
- Stopover : 도중체류
- Surface Sector : 비 항공운송 구간
- Through Fare : 여정운임
- Ticket : 항공권
- Ticketed Point : 발권지점
- Ticketing Time Limit : 발권 시한
- Tour Conductor : 단체 인솔자
- Traffic Document : 운송증표
- Traffic Right : 운수권
- Transfer : 환승
- Transit Point : 통과지점
- Unit Origin : 적용운임 최초 출발지
- Valuation Charge : 종가요금
- Waitlist Segment : 예약대기 구간

항공운송실무
공항업무

TOPAS SELL
CONNECT

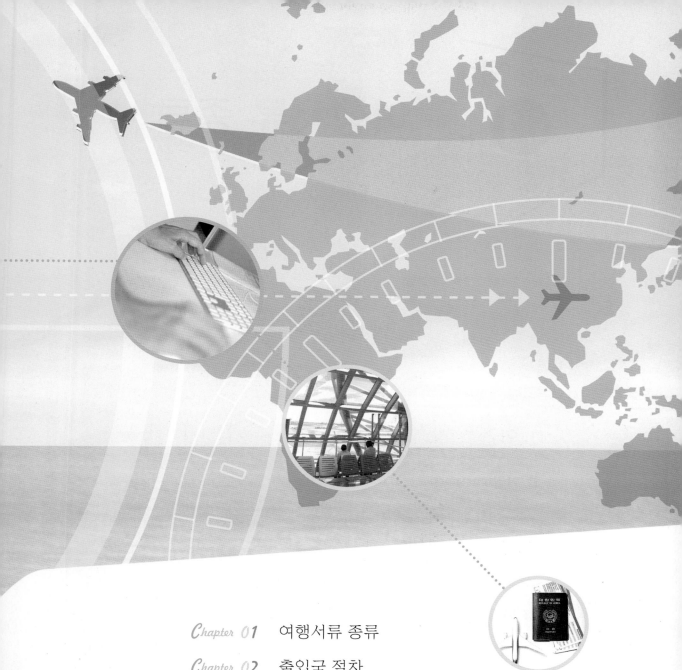

01 여행서류 종류

1. 여권

1) 여권(passport)

- 국가가 발행하는 국적증명서이다.
- 본인의 신분증명서인 동시에 국외로 출국이 가능함을 인정하는 출국 증명서이다.

2) 여권의 쓰임새

- 환전할 때 / 비자 신청과 발급 때 / 출국 수속과 항공기를 탈 때 / 현지 입국과 귀국 수속 때
- 면세점에서 면세상품을 구입할 때 / 국제운전면허증을 만들 때
- 국제 청소년 여행 연맹카드(FIYTO) 만들 때 / 여행자 수표로 지불할 때
- 여행자 수표의 도난이나 분실 때 / 재발급 신청 할 때

• 출국 때 / 병역 의무자가 병무신고를 할 때와 귀국 신고 할 때
• 해외여행 중 한국으로 부터 송금된 돈을 찾을 때

3) 여권의 종류

• 사용횟수에 따라 : 단수여권, 복수여권
• 발급 대상에 따라 : 외교관 여권, 관용 여권, 일반여권, 거주여권

4) 여권 대용 서류

• 선원수첩(seaman book)
• 여행증명서(travel certificate)

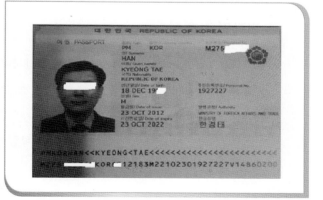

2. 비자(VISA: 사증)

방문하는 국가의 입국허가서로 방문하려는 국가의 재외공관에서 발급한다.

1) 비자의 종류

- 입국허용 횟수에 따라 : 단수비자, 복수비자
- 입국목적에 따라 : 단기비자(방문, 관광, 상용), 통과비자, 체류비자(학생, 주재 등)

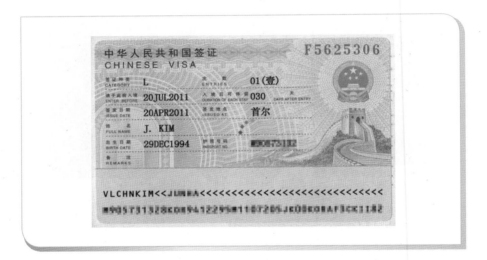

2) 비자면제 협정

- 선린우호관계 및 경제적 수준이 비슷한 양국 간의 비자면제 협정을 체결 비자 없이 입국이 가능하다.
- 비자 면제 협정 일반조건
  ① 계속되는 여정이나 왕복 여행을 위한 항공권 소지
  ② 충분한 체류경비 소지
  ③ 관광, 상용 및 단기 목적방문

총 체결국	적용대상	국가명		
90개국	외교관 (3개국)	우크라이나(90일), 우즈베키스탄(60일), 투르크메니스탄(30일)		
	외교관 / 관용 (24개국)	필리핀(무제한), 파라과이(90일), 이란(3개월), 몽골(30일), 배넹(90일), 베트남(90일), 에콰도르(외교 : 업무수행기간, 관용 : 3개월), 사이프러스(90일), 벨리즈(90일), 이집트(90일), 파키스탄(3개월), 일본(3개월), 크로아티아(90일), 우루과이(90일), 인도(90일), 아르헨티나(90일), 러시아(90일), 알제리(90일), 벨라루스(90일), 아제르바이잔(30일), 캄보디아(90일), 카자흐스탄(90일), 방글라데시(90일), 라오스(90일)		
	외교관 / 관용 / 일반	30일 (1개국)	튀니지	
		60일 (2개국)	포르투갈, 레소토	
		90일 (60개국)	아주지역 (4개국)	태국, 싱가폴, 말레이시아
			미주지역 (24개국)	바베이도스, 바하마, 코스타리카, 콜롬비아, 파나마, 도니카(공), 도미니카(연), 그레나다, 자메이카, 페루, 아이티, 세인트루시아, 세인트키츠네비스, 브라질, 세인트빈젠트그레나딘, 트리니다토바고, 수리남, 엔티구아바부다, 니카라과, 엘살바도르, 멕시코, 칠레, 과테말라, 베네수엘라(외교 · 관용 30일, 일반 90일)
			구주지역 (29개국)	**[쉥겐국(25개국 중 슬로베니아 제외)]** 그리스, 오스트리아(외교 · 관용 180일), 스위스, 프랑스, 네덜란드, 벨기에, 룩셈부르크, 독일, 스페인, 몰타, 폴란드, 헝가리, 체코슬로바키아, 이탈리아, 라트비아리투아니아, (이하 180일 중 90일) 에스토니아, 핀란드, 스웨덴, 덴마크, 노르웨이, 아이슬란드(포르투갈은 60일에 해당) **[비쉥겐국]** 리히텐슈타인, 영국, 아일랜드, 불가리아, 루마니아, 터키
			중동 · 아프리카 지역(3개국)	모로코, 라이베리아, 이스라엘

※ 이탈리아 : 협정상의 체류기간은 60일이나 상호주의로 90일간 체류기간 부여(2009.6.15).

3) TWOV(Transit Without Visa)

- 통과목적으로 여행하는 경우 통과 비자 없이 여행할 수 있다.
- 일반조건 : 제3국행 유효한 여행서류소지, 연결편에 대한 예약이 확약된 항공
  권 소지 입국목적이 단순한 통과 또는 관광에 한한다.

4) 예방접종 증명서

일반적인 검역절차는 생략되고 있으나, 중남미, 아프리카 열대지역을 여행하는
승객은 황열별 예방접종을 하는 것이 바람직하다. 접종장소는 국립검역소 또는
보건복지부 지정기관이다.

출입국 절차

01 ✈ 출국 절차

1. 탑승수속(Check-in) 절차

1) 여행 구비서류 확인

- 여권, 비자, 및 TWOV 조건
- 국내체류 허용기간 초과 여부(외국인, 교포의 경우)
- 출입국신고카드(외국인에 한함) 작성 여부 확인 등

2) 좌석 배정

- 예약확인 및 승객 선호도 반영
- 사전좌석배정 제도

• 마일리지 가입 확인 및 번호 입력

4) 수하물 접수

• 수하물 이름표, 포장상태 확인
• 운송제한품목 및 세관반출신고 필요물품 소지 확인
• 수하물 계량 및 초과수하물 요금 징수
• Baggage Tagging

5) 탑승권 발급

• Gate 번호, 탑승시간 확인
• 탑승구와 탑승시간에 대한 고객 안내

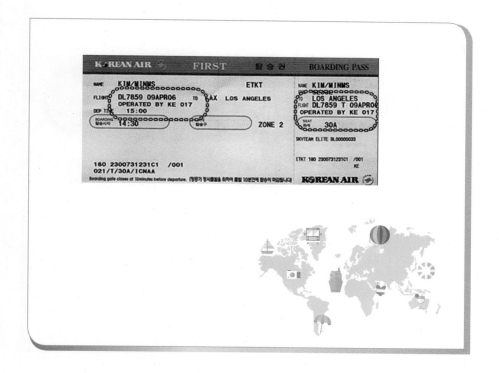

서울역이나 삼성공항터미널을 이용할 경우

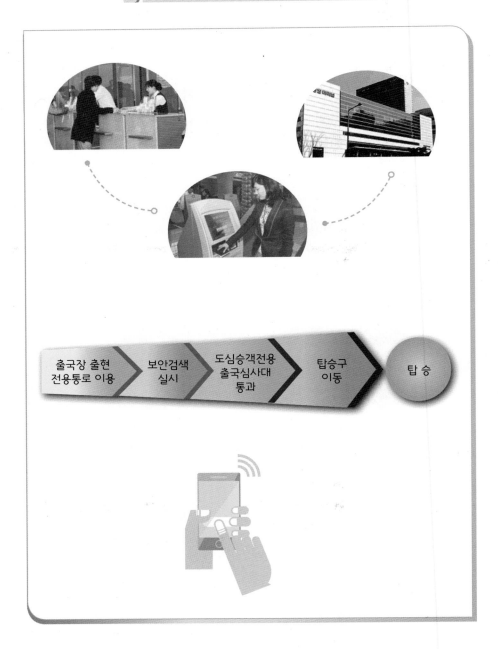

출국장 출현
전용통로 이용 → 보안검색
실시 → 도심승객전용
출국심사대
통과 → 탑승구
이동 → 탑 승

2. 출국장 입장 및 항공기 탑승

1) 보안검색(security check)

- 기내휴대 제한품목(SRI: security removed items)

2) 세관신고

- 휴대물품 반출신고서 안내 및 재반출 조건 일시반입물품 신고서 확인

3) 법무부 출국사열

- 출국자격 심사, 출입국신고서 확인 및 수거

4) 탑승우선순위

① Stretcher 승객 및 기타 운송제한승객(UM, WCHR PAX, FAMILY CARE SVC대상)

② 도움이 필요하거나 유/소아를 동반하는 승객(노약자 등)

③ VIP(전용출구 사용)

④ F CLS(전용출구 사용)

⑤ C CLS(전용출구 사용)

⑥ Y CLS(뒷좌석 47열 이후 배정 받은 승객 탑승)

⑦ Y CLS(앞좌석 47열 이전 배정 받은 승객 탑승)

5) 항공기 출항허가

- 출항허가 기관 : 법무부 출입국 관리사무소, 세관 승기실
- 출항허가 시 제출서류: 항공편의 일반적 사항, 탑승객 명단, 화물적재목록

출국심사 절차

01 출국심사대 앞 대기선에서 기다리세요.

02 모자(선글라스)는 벗으시고, 대기 중 휴대폰 통화는 자제하여 주세요.

03 여권, 탑승권을 제시해 주세요.

04 여권에 출국확인을 받고 여권을 받으신 후, 출국심사대를 통과하세요.

탑승

 **입국 절차**

1. 하기순서

① 긴급한 의학적 조치가 필요한 승객

② VIP

③ F CLS

④ C CLS

⑤ Y CLS

⑥ 비동반 소아(UM)

⑦ 운송제한승객

⑧ Stretcher 승객

2. 검역 사역

1) 식물검역(농림부 국립식물검역소)

식물류를 휴대하여 입국하는 여객은 식물 검역소에 검역을 받아야 하며 수입지역에 따라 수입금지 식물이 있다.

2) 검역 대상

종자류, 묘목, 과실류, 채소류, 곡류, 목재류 등

3) 동물 검역(농림부 국립동물검역소)

- 검역 대상 : 개, 고양이, 조류, 동물의 폐사체, 가죽, 알 등
- 제출 서류 : 검역신청서, 상대국 검역증명서 원본

3. 법무부 입국사열

1) 유효한 여권 및 사증 소지 확인

2) 입국 목적 확인 : 여행, 상무, 취업, 학업, 결혼 등

3) 입국 제한자 여부 확인

4) 체류기간 결정 : 국가에 따라 15일에서 90일까지 체류허용

4. 위탁수하물 인도

1) 기내휴대 제한품목 인계

2) 수하물 사고 안내

- 수하물 사고(지연, 분실, 파손, 부분 손실) 발생시 PIR 작성(PIR: Property Irregaularity Report 수하물 신고서)

5. 세관검사

1) 세관 휴대품 검사(간이 통과)

- 세관 신고할 물품이 있는 승객만 세관신고서 작성 후 제출
- 재반출 조건 일시 반입 물품 신고

2) 검사대 선택

- 면세(녹색)검사대 : 면세 범위에 해당하는 물품만 휴대 해외구입 USD600미만
- 과세(적색)검사대 : 신고대상 물품이 포함되어 있는 경우 USD600이상

3) 면세 통관 물품

- 여행 목적상 타당하다고 인정되는 신변용품 및 장식품
- 주류, 담배 및 향수: 주류 1000cc1병, 담배 10갑, 향수 2온수
- 해외 취득가격 합계액이 USD600이하로 상행위에 사용되지 않을 물건

기타 승객 처리

1. 통과 승객 처리(Transit Passenger Handling)

1) 경유지 공항에서 하기 조치한 뒤 2~3시간 정도의 대기시간을 주는 편이나 해당 정부규정이나, 제한된 지상에서의 연결시간에 의해 기내에서 머물 수도 있다.
2) 승객하기 시 연결편의 보딩패스 교부
3) 정해진 수속을 용이하게 받도록 안내, 보조하며 보딩시간과 게이트번호를 안내

2. 연결승객 처리절차

1) 동일일자 연결편 탑승 승객

• 연결편이 동일한 항공사는 승객과 수하물이 적절히 연결되도록 조치한다.
• 연결편이 타 항공사인 경우는 항공사의 직원에게 인도하고 수하물이 적절히 탑재되었는지 확인한다.

2) 숙박 후 연결편 탑승예정 승객

• 메일이나 카드를 통하여 전달하며 연결편 예약, 숙소 및 절차에 대하여 설명한다.
• 연결편 승객을 위해 도중에서 체류해야 할 경우 도중 제비용을 항공사가 부담하며 통상 12시간이상 대기 시간일 경우 1박의 호텔 숙박을 제공한다.

267

3. 기타 승객 처리 절차

1) Stand-By 및 Go-Show 승객

• 목적지까지 좌석 여유가 있을 경우만 탑승 가능하다.

2) 단체승객(Group Passenger)

- 사전 탑승수속제도가 있어 영업지점과 Tour Conductor간의 긴밀한 접촉이 우선되어야하며 단체수속라인을 설치, 같은 구역의 좌석을 배열하고 사전체크인을 통하여 그룹인원, 특이사항을 확인한다.

입국절차

 내국인은 내국인 심사대에, 외국인은 외국인 심사대에 대기

 입국심사대 앞의 대기선에서 기다리세요.

 모자(선글라스)는 벗으시고, 대기 중 휴대폰 통화는 자제하여 주세요.

출입국 절차

01 다음은 탑승수속에 대한 내용이다. 틀리게 기술된 내용을 고르시오.

1) 시내(서울역이나 삼성동)의 공항터미널에서도 수속이 가능하다

2) 여권은 필수 지참 여행서류이다

3) 좌석배정은 탑승수속 카운터에서만 가능하다

4) 출입국카드는 외국인만 작성하면 된다

02 다음은 내국인 탑승수속시 확인하여야 하는 여행 구비 서류가 아닌것은?

1) 여권   2) 비자

3) 출국신고서   4) 예방접종 증명서

03 단순 통과 또는 관광의 목적으로 제3국의 유효한 여행서류를 소지하고 있고 연결편에 대한 예약이 확약된 항공권을 소지하고 있는 경우 사증 없이도 체류가 가능한 것을 무엇이라 하는가?

04 탑승수속 시 외국인 등록을 하지 않는 외국인이 반드시 작성하여야 하는 서류는?

1) 예방접종 증명서   2) 세관신고서

3) 출국카드   4) 보딩패스

05 기내반입이 불가능한 품목이 아닌 것은?

1) 손톱깎기   2) 부탄가스

3) 150㎖ 베이비 로션   4) 50㎖의 구강청결제

06 입국절차 순서로 맞는 것을 고르시오.

1) 하기 - 검역 - 입국심사-수하물수취-세관검사

2) 하기-입국심사-수하물수취-검역-세관검사

3) 하기-수하물수취-세관검사-입국심사-검역

4) 검역-하기-입국심사-수하물수취-세관검사

07 출국수속 순서로 맞는 것을 고르시오.

1) 보안검색-세관신고-출국심사-검역-탑승구-탑승

2) 보안검색-출국심사-세관신고-검역-탑승구-탑승

3) 출국심사-보안검색-검역-탑승구-세관신고-탑승

4) 세관신고-보안검색-출국심사-탑승구-검역-탑승

수하물 업무

01 ✈ 수하물 업무

1. 정의

승객이 여행 시 항공사에 탁송을 의뢰하거나 휴대하는 소지품 및 물품을 말한다.

1) 종류

① 위탁수하물(Checked Baggage)
② 휴대수하물(Unchecked Baggage)

2. 수하물 운송조건

1) 수하물 포장

수하물 포장은 승객의 책임이며, 포장상태가 불량시 재포장토록 안내 후 접수

2) 수하물 이름표 부착

승객의 성명, 주소, 현지 연락처를 영문으로 기재토록 안내한다

3) 수하물의 무게, 크기 및 내용품 확인

3. 운송 제한 품목

반입 가능	반입 불가
 45ml 용기의 헤어 스프레이	 142ml 용기의 헤어 스프레이
 50ml 용기의 구강청결제	 250ml 용기의 구강청결제
 75ml 용기의 핸드크림	 125ml 용기의 핸드크림

칼 등의 기내
반입은 **법률 위반**으로
60만 원 이하의 벌금
대상입니다.

기내 반입 수하물은 1인당 1개로
제한됩니다.
(핸드백 등의 일상품 제외)

기내 반입 제한 품목 예

- 도검류
- 강타하면 흉기가 될 수 있는 물건
- 끝이 현저하게 날카로운 물건

가지고 탈 수 있는 비닐봉투

가지고 탈 수 없는 비닐봉투

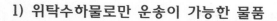
1) 위탁수하물로만 운송이 가능한 물품

- 스포츠용 총기에 사용할 목적의 화약 : 5KG 이내
- 휠체어 또는 배터리 동력의 탈것(배터리 분리)
- 냉액체 질소를 포함한 용기

2) 휴대수하물로만 운송이 가능한 물품

- 흡연의 목적으로 휴대되는 1개의 성냥 또는 라이터
- 심장 박동기 : RPA 승객용

3) 항공사에 사전에 알려야 하는 물품

- 드라이 아이스(1인당 2KG 이하)
- 의료용 소형 드라이 아이스 가스 실린더
- 스포츠용 총기에 사용할 목적의 화약(5KG이내)
- 휠체어 또는 배터리 동력의 탈것(배터리 분리)
- 냉액체 질소를 포함한 용기

4) 기장에게 탑재 사실 및 위치를 통보해야하는 물품

- 스포층용 총기에 사용할 목적의 화약(5KG 이내)
- 휠체어 또는 배터리 동력의 탈 것(습전지의 경우)

02 ✈ 무료 수하물 허용량

1. 위탁수하물

• 무료로 맡길 수 있는 짐의 크기와 무게

구분	미주 구간	미주 외 구간	한국 국내 구간
일등석	각 수하물의 무게가 32kg(70lbs) 이하이며 최대 3변의 합이 158cm(62ins) 이내의 짐 2개	40kg(88lbs)	–
프레스티지석	각 수하물의 무게가 32kg(70lbs) 이하이며 최대 3변의 합이 158cm(62ins) 이내의 짐 2개	30kg(66lbs)	30kg(66lbs)
일반석	각 수하물의 무게가 23kg(50lbs) 이하이며 최대 3변의 합이 158cm 이내의 짐 2개 (단, 2개의 합이 273cm(107ins)를 초과하지 않아야 함.) ※ 브라질 출도착 여정(브라질 내에서 구입한 항공원에 한함)은 32kg(70lbs) 이하의 짐 2개가 적용됩니다.	20kg(44lbs)	20kg(44lbs)
소아 (만 12세 미만)	성인과 동일		
유아 (만 2세 미만)	크기가 115cm 이하이면서 무게가 10kg(22lbs) 이하인 가방 1개 + 접는 유모차, 운반용 요람,유아용 카시트 중 1개	접는 유모차, 운반용 요람,유아용 카시트 중 1개	

• Note 1: 크기는 가로, 세로, 높이 각 변의 합을 의미합니다.
　　　즉 크기가 158cm 이내라는 것의 의미는 그림과 같습니다.

A + B + C = 158cm

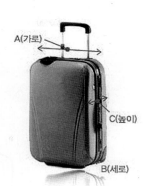

• Note 2: 미주 구간과 미주외 구간의 정의

　　　*미주 구간 : 캐나다, 미국 및 미국령, 멕시코, 중남미 출도착 편 등 태평양 횡단
　　　　　　구간(해당 클래스 수하물의 무개와 개수에 제한을 둡니다.)

　　　*미주 외 구간 : 한국 지역 국내, 일본, 유럽 등 미주 구간을 제외한 전 구간
　　　　　　　　　(수하물 개수에 상관없이 무게에 적용 받습니다.)

• Note 3: 수하물 개당 최대 무게는 32kg(70lbs), 크기는 158cm 입니다.

　　　*맡기시는 짐은 공항의 수하물 시설을 이용하여 인력에 의해 항공기로 옮겨집니
　　　다. 따라서 작업자의 안전을 위해 1개의 짐은 탑승하는 좌석 등급과 초과 수하물
　　　요금의 지불과 관계없이 32kg(70lbs) 이하로 제한되며 삼변의 합이 158cm를 초
　　　과하는 물품은 운송이 제한될 수 있습니다.

• Note 4: 대한항공 이용시 스카이패스 회원 등급에 따라 다음과 같이 추가로 더 맡기실
　　　수 있습니다.

　　　(단, SKYTEAM항공사 또는 타 항공사가 운항하는 공동 운항편 이용시에는 제한될
　　　수 있습니다.)

　　　*모니캄 클럽 : 미주 이외 구간 여행 시 10kg(22lbs) 추가

　　　*모니캄 프리미엄 클럽 : 미주 이외 구간 여행 시 20kg(44lbs) 추가, 미주 이외
　　　　　　　　　　　구간 여행 시 짐 1개 추가

　　　*밀리언 마일러 클럽 : 미주 이외 구간 여행 시 30kg(66lbs) 추가, 미주 이외 구간
　　　　　　　　　　여행 시 짐 1개 추가

☞ 항공사마다 기준이 상이하므로 확인필요(예: 대한항공)

2. 휴대수하물

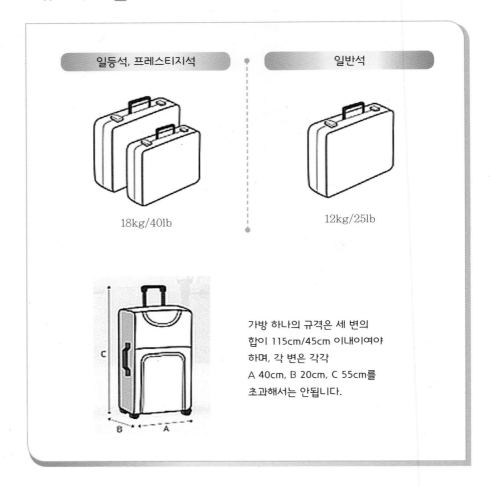

일등석, 프레스티지석	일반석
18kg/40lb	12kg/25lb

가방 하나의 규격은 세 변의 합이 115cm/45cm 이내이여야 하며, 각 변은 각각 A 40cm, B 20cm, C 55cm를 초과해서는 안됩니다.

3. 무료수하물 합산(Baggage pooling)

　동일항공편, 동일 목적지 및 동일 단체로 여행하는 2인 이상의 여객이 동시에 탑승숙송을 할 때에는 각 개인의 위탁수하물 허용량 합계를 단체 승객 전원에 대한 허용량으로 간주한다.

4. 초과 수하물

1) 항공사의 운송규정에 따라 초과수하물에 대한 별도의 요금을 부과한다.

2) kg당 해당 구간 성인 정상요금 편도 운임의 1.5%씩 적용한다.

3) Piece System일 경우 등급에 상관없이 수하물의 무게, 개수, 크기 등 제조건을 비교하여 단위(Unit) 당 징수한다.

5. 기타

1) 장애 고객이 이용하는 wheelchair 및 해당 장애고객이 동반하는 인도견 및 청각 보조견 등은 기내로 운송하며 무료로 운송한다.

2) 여객이 동반하는 애완동물 및 운반 용기의 중량은 별도의 요금 부과

3) 골프클럽, 스키 장비 등 스포츠 용품의 경우 무료수하물 허용량에 포함되며 초과시 별도의 요율을 적용하여 저렴하게 운송할 수 있다.

03 ✈ 종가요금

1) 신고대상

- 위탁수하물 : kg당 USD20 초과
- 휴대수하물 : USD400 초과

2) 종가 수하물 요율

- 신고 금액 중 항공사 책임한도액을 초과하는 신고가격에 대한 종가요금은 USD100당 USD0.5씩 징수한다.

• USD25,000 초과시에는 사전협의가 없을 경우에는 운송불가하다.

04 특수 수하물

1. 애완 동물(PET)

승객이 애완동물을 동반하는 경우에는 사전에 예약부로부터의 PET CABIN 탑재 승인 메시지를 확인하고 다음과 같은 사항을 확인한다.

1) 견고한 Cage 속에 들어있어야 한다.

2) 상대방 국가의 검역을 통과해서 반드시 검역증명서를 발급받아야 한다.

3) 2장의 서약서(Indemnity Letter)를 접수하여 1장은 출발지에 1장은 도착지에 보낸다.

4) 요금은 Piece System인 경우는 2PC, Weight System인 경우는 Cage무게 포함 전체중량이 초과수하물 요금을 부과한다.

5) 도착지 항공에 애완동물 운반 메시지를 보낸다.

2. 대형 악기류(CBBG)

첼로와 같이 파손되기 쉬운 고가의 대형 악기류를 기내에 휴대하고자 하는 경우에 별도의 항공권을 구입하여 승객의 옆 좌석을 추가로 확보, 보관 운송해야 한다.

1) 적용 요율 : 예약시점 적용 가능한 일반 성인 요금

2) 무게는 75KG을 초과할 수 없다.

3) 위탁 수하물로 접수 시

• 포장 CASE의 안전도 및 악기 상태 점검

• 운송 중 발생 가능한 사고에 대하여 항공사 면책사항 설명 후 악기 서약서에 서명 받음.

수
하
물 **업**
무

• 필요시 종가요금이나 초과 수하물 요금을 징수한다.

3. 총기(도검)류

반드시 총기류 소지 알려야 하며 위탁수하물로만 탁송할 수 있다.

1) 대상총기

① 사격대회 출전 선수용 총기
② VIP 수행 경호원, 군인 소지 총기
③ 범죄인 호송 기관원 소지 총기

2) 운송절차

① 총기 인수인계서 4부 작성 : AGT, 세관, 승기실, 기장의 서명을 득해야 함
② 기장에게 해당 승객 좌석번호, 목적지, 탑재위치를 통보
③ 도착지 또는 경유지 공항에 메시지 전송

 05 ✈ **수하물 연결 수속**(Baggage Thru Chk-In)

1. 전제 조건

1) 연결편 예약이 확약된 항공권 소지
2) 최소연결시간 준수

인천공항 내		인천공항 ⇔ 김포공항 간	
구분	MCT	구분	MCT
국제 → 국제	60분	인천공항 → 김포공항	150분
국제 → 국내	100분	김포공항 → 인천공항	130분
국내 → 국제	70분		

3) 당일 혹은 익일 12시간내 연결

4) 같은 공항내 연결

2. 국내선 연결 수속 금지 국가

일본, 필리핀, 인도네시아, 말레이시아, 인도, 호주, 브라질, 러시아 등

연습문제

01 Y CLASS 승객의 기내 휴대수하물은 3면의 합이 (   )cm을 초과할 수 없다.

02 F, C, Y CLASS의 위탁수하물의 무료수하물 허용량과 크기를 weight system과 piece system으로 구분하여 기술하시오.

03 다음 중 무료 수하물 허용량에 포함되는 수하물은?

① 애완용 동물   ② 대형악기류

③ 골프용품   ④ 총기류

06 ✈ Lost & Found

1. 수하물 사고 종류와 원인

- 항공사에 의한 운송 또는 보관 중에 사고가 발생한 위탁수하물을 말한다.
- 물질적인 손해와 정신적인 손해로 나누어진다.

1) 종류

지연도착(delay), 분실(missing or lost), 파손(damage), 부분분실(pilferage)

2. 수하물 사고 처리절차

1) 수하물 사고 신고접수

- 수하물이 있을 가능성이 있는 지역을 재확인

2) 수하물 사고 보고서 작성 (PIR)작성

- Manual Form 작성
- 시스템을 이용하여 작성 후 프린터

3) 추적작업

- 시스템을 통한 1차 추적
- PIR 접수 후 24시간 이내에 승객에게 추적 결과 알림
- 세부 내용품을 보강, 비교하는 2차 추적(72시간)
- 승객으로부터 수하물 목록 양식을 접수 후 내용품 비교, 정밀 추적 작업 실시

4) 배상

- 분실 접수 후 3주가 경과한 시점에 분실 가방을 발견하지 못한 경우 고객의 요
  청이 있을 시 배상처리
- 배상한도액
  - 위탁수하물 : 1kg 당 USD20
  - 휴대수하물 : 1인당 USD400

5) 수하물 지연보상금

- 연고지 없는 지역(관광지나 여행지)에 도착하였는데 짐이 도착하지 않는 경우
- 세면도구나 간단한 속옷등 임시 생활용품을 구매하라는 의미로 승객에게 지
  급하는 응급비용
- 항공사에 따라 미화 USD50부터 EUR100까지 현장에서 현금으로 지불한다.

07 Weight & Balance

1. 목적

항공기 구조상 안전을 유지할 수 있는 중량 한계 및 무게중심의 허용 범위내에서
운항할 수 있도록 승객 및 화물, 수하물, 기타 탑재물을 조정하는 업무이다.

2. 미치는 요인

항공기, 승객, 연료, 기차 Dead Load(화물, 수하물 등)

1) 승객의 표준 중량(국제선 기준-KE)

- 성인 76kg
- 소아 36kg
- 유아 10kg

08 운송제한 승객

1. 운송제한 승객의 개요

항공기의 안전과 승객의 안전여행에 지장을 초래할 수 있는 특정승객에게 운송을 제한 또는 거절할 수 있다.

1) 안전운항을 위해 불가피할 경우
2) 법령이나 정부기관의 요구가 있을 경우
3) 제3자의 도움없이 단독여행이 어려울 경우
4) 다른 승객의 여행에 지장을 줄 우려가 있을 경우

2. 분류

1) 환자승객(Incapacitated passenger)

- 항공기 탑승 및 하기 시 항공사 직원의 도움이 필요한 승객
- 노약자, 병약자, 장애자 등 일반 환자 승객 포함
- 신장질환자, 전염병 환자, 생후 2주미만의 신생아, 자살의 위험이 있는 정신질환자 승객 등은 invalid 승객으로 운송 거절

2) 임산부(Pregnant Woman)

- 임신 32주^(8개월) 미만인 경우 의사가 반대하지 않으면 일반승객과 동일간주
- 임신 32주^(8개월) 이상인 경우 항공기 출발 72시간이내에 발급된 진단서를 첨부 하여야 하며 탑승 전 항공사에서 서약서를 작성하여야 한다.
- 승객의 건강상태 확인, 항공운송 가능 여부 판단하고 여행 불가시 사유설명 후 운송 거절

3) Stretcher 승객

- 기내 침대에 누운 상태로 여행하게 되는 승객을 말한다.
- 보호자나 의사와 함께 탑승 건강진단서와 서약서를 작성하여야 한다.
- 일반요금의 6배를 지불하며 탑승 1주일전에 예약하여야 한다.

4) 추방자(Deportee)

- 불법 체류자로 인정 추방된 승객
- 해당 승객의 여권 및 서류를 별도로 보관하고 목적지 도착 시 서류와 함께 승객을 운송직원에게 인계한다

5) 맹인(Blind)

- 운송제안 승객으로 분류되어 서약서를 작성 후 운송직원의 Escort에 의해 항공기에 탑승
- 인도견은 비상구 좌석에 배정될 수 없으며 목줄을 착용해야 한다.

연습문제

01 다음 운송제한 승객에 대한 내용으로 틀리게 기술된 것을 고르시오.

1) 32주 이내의 임산부는 일반승객으로 간주한다.

2) 제 3자의 도움이 없이는 움직일 수 없는 승객을 말한다.

3) 기내침대에 누운 상태로 여행하게 되는 승객을 Stretcher 승객이라 한다.

4) 운송제한 승객은 서류가 완벽하다면 탑승 거절을 할 수 없다.

02 불법 체류자로 인정되어 다시 되돌려 보내는 승객을 무엇이라 하는가?

CHAPTER 04 항공사 지상직 파트별 업무의 이해

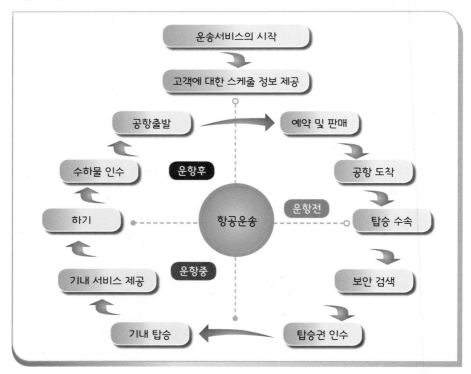

🧊 항공운송 서비스의 흐름

항공사 지상직 근무직원(Ground Staff)은 공항에서 직접 승객서비스를 담당하는 공항 여객서비스 직원(Customer Service Agent)과 사무실에서 근무하는 예약 & 발권 등의 업무를 보는 시내직원(Down Town Officer)과 화물부문직원(Cargo Staff)로 나뉜다.

1. 공항서비스직원(Ground Staff) 파트별 업무의 이해

1) 탑승수속(Check-in Counter) 업무

- 항공편의 종류 및 출발시간 변경여부, 예약상황 확인
- 항공편별 좌석배정 상태 및 VIP/CIP, 환자 손님 등의 유무 확인
- 탑승권(Boarding Pass), 수하물 표(Tag) 등 탑승수속 업무수행에 필요한 양식 준비 상태 확인
- 탑승권 발급기, 단말기 등 장비의 정상 작용여부를 확인
- 승객의 항공권 및 여권(VISA포함)을 접수한 후 위탁수하물 유무 확인
- 항공편, 목적지, 여행등급 및 예약상태 확인
- 여권, 비자 소지여부 및 유효성, 출국조건 등을 확인
- 승객의 선호좌석 배정 후 수하물 무게, 개수, NAME TAG 부착 여부 확인
- 탑승권 발행 후 수하물 TAG 부착하여 승객의 여행서류와 함께 탑승시간과 탑승구 번호를 재확인시킴

2) 발권(Ticketing Counter) 업무

- 항공권 판매
- 예약 및 여정 변경
- 초과수하물 요금 징수

3) 출국(Departure Counter) 업무

- 항공기 정시운항을 위해선 관계기관 및 승무원들과의 업무협조가 필요하다.
- 탑승전 담당 직원은 해당 비행편의 주요 사항을 파악한다.
- 기내 준비 상황을 수시 파악하여 탑승 예정 시각 및 탑승 Sign을 받는다.
- 탑승 안내방송 실시 후 탑승우선순위 별로 탑승을 실시한다.
- 출발 예정시간 5분전 탑승 완료할 수 있도록 진행 상황 점검 및 미탑자 대상으로 탑승 마감 방송 후 미 탑승객의 수하물은 하기 조치한다.

❶ EDI(EDP & ARR Report)

❷ Cabin Document Setting

❸ Door Open

❹ Passenger Assist

❺ Depature Gate

❻ Boarding Process

- 해당 Load Sheet를 출력하여 기장에게 서명을 받고 원본은 기장, 부본은 운송 직원이 보관한다.
- 기내전달서류^(각종서약서, 승객사항 등) 및 탑재물품을 사무장에게 인계 후 Door Close Sign을 준다.

4) 입국(Arrival Team) 업무

- 항공기 도착 후 탑승교 또는 STEP이 안전한 접현 유무를 확인 후 DOOR에 노크를 3회 실시, 객실 승무원의 수신호 확인 후 DOOR OPEN 실시한다
- 기내서류 및 물품을 객실 승무원으로부터 인계 받는다.
- 입국승객 및 승무원의 입항보고를 한다.

5) 수하물 Team(Lost & Found)

- 수하물의 사고^(지연, 분실, 부분분실, 파손 등)의 발생시 적절하고 신속한 서비스를 제공한다.

6) Special Handling Team

- 의전파트 : VIP/CIP MAAS(Meet & Assist Service)
- LOUNGE : VIP/CIP, 비즈니스 고객 용무지원 및 라운지 이용 고객의 편의 서비스 제공
- RPA(Restricted Passenger Service) : 장애인, 거동불편 승객, 노약자, 운송제한 승객 등에 대한 특별서비스 지원

7) 총괄 그룹 업무

- 각종 IRR 발생 시 업무 취급 지침 결정 및 문제해경, 고객 불만 처리 담당
- 기상 확인 및 타 지점 또는 타 항공사와의 업무연락 등
- 승객 및 수하물, 화물 등의 항공기 운항에 필요한 Weight & Balance 생성

8) 관리지원그룹 업무

- 본사와의 업무협조 및 직원 인사관리, 직원 후생복지 업무
- 지점 내 수입, 지출 관리 본사보고 및 타 항공사와의 업무 협조

2. 시내직원(Down Town Officer) 파트별 업무 세분화

1) 예약 & 발권 업무

- 항공 여정 예약 빛 항공 여행 정보 제공
- 항공사 직원의 도움이 필요한 특별승객에 대한 예약 서비스, 특별기내식 예약 등
- 항공 티켓 발권 및 항공 요금 산출
- 마일리지 프로그램에 의한 무료 항공권 산출

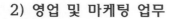

2) 영업 및 마케팅 업무

- 항공상품 판매 및 계획수립, 대리점, 여행사 관리
- 경쟁 항공사의 영업전략 조사 및 대응

3) 관리 업무

- 공항 및 시내 카운터에 발권되는 자사 항공권 판매
- 여행사에서 발권되는 티켓 관리 및 BSP(Billing And Settlement Plan) 티켓관리(여행사 정산업무) 등

3. 화물운송(Freight Traffic) 업무

- 일반 항공화물/특수화물(위험품, 생동물, 부패성화물 등) 운송서비스 제공
- 수출, 수입 화물 관리 및 보세창고 관리

항공사 지상직 파트별 **업무의** 이해

- 지점 내/외 컨테이너 관리 및 지상조업사 관리
- 화물 운송 문제 발생 시 부대 서비스 제공

4. 운항직원(Flight Operation) 파트별 업무 세분화

1) 운항관리(Dispatcher) 업무

- 항공기 운항에 필요한 비행계획서 준비
- 항공기 운항관련 관계기관 업무협조 및 관공사 인/허가 업무
- 비행자료 운항승무원 제공 및 항공기 운항(출·도착) 관리

2) 승무원관리 업무

- 승무원 스케줄 조절 및 기종 전환, 각종 교육자료 제공
- 승무원 출입국시 필요서류 확인 및 문제 발생 시 지원

5. 기타 업무

1) 정비업무

- 항공기 안전운항을 위한 정비계획을 수립하여 계획정비, 예방 정비, 수시점 검 등

2) Ramp업무

- 각종 장비운전, 승객수하물 및 화물 운송, 급유, 기내 청소 등의 지상조업 업무
- 기내식 제공, 기내 기물관리, 기내 린넨 관리 등

참고문헌

1. 토파스여행정보(주), 발권실무, 2015.

2. 아시아나 애바카스(주), 항공운임과 발권의 기초, 2015.

3. 아시아나 애바카스, 장호찬 공저, 항공예약발권2, 2014.

 참고자료

1. http://www.topas.net

2. http://www.asianasbre.co.kr

3. http://www.passport.go.kr/

4. http://www.airport.kr/pa/ko/d/index.jsp

5. https://kr.koreanair.com/korea/ko.html

저자 소개

정호진

경희대학교 호텔관광대학 관광경영학 석사
전) 대한항공 서울여객지점 발권과 근무
전) 아시아나 세이버 CRS 예약, 발권 교육강사
전) CATHAY PACIFIC 공항지점 근무
현) 우노여행사 부장
현) 백석예술대학교 항공서비스과 겸임교수
한국방송통신대학교 관광과 강사

기초 항공운임발권 실무

초판 1쇄 인쇄 2017년 1월 5일
초판 1쇄 발행 2017년 1월 10일
저   자 정 호 진
펴 낸 이 임 순 재
펴 낸 곳 **한올출판사**
등   록 제11-403호
주   소 서울시 마포구 모래내로 83(성산동, 한올빌딩 3층)
전   화 (02)376-4298(대표)
팩   스 (02)302-8073
홈 페 이 지 www.hanol.co.kr
e - 메 일 hanol@hanol.co.kr
ISBN 979-11-5685-433-3